やさしい
日本語 初級 4

YASASHī NIHONGO
Simple and Easy Japanese Elementary level4
Tiếng Nhật dễ hiểu - Trình độ sơ cấp
Cấp tiểu học4

Jリサーチ出版 編
森本智子・高橋尚子 共著

JLPT	CEFR
N4	A2
N5	A1

Jリサーチ出版

はじめに

　少しでも日本語がわかるようになりたい、少しずつ話せるようになりたい——そんな学習者の思いにこたえる教材、それが本書のめざすものです。そこで、本書では、次のことを柱にしました。

○ 文法と会話力をスパイラルに積み上げていく。

○ 日常の会話場面を中心に、必要度の高い項目を重点的に取り上げる。

○ 素材にこだわり、自然な日本語表現、自然な会話のやりとりを扱う。

○ スモールステップの積み重ねとくり返し学習によって着実に実力を養う。

　タイトルの「やさしい日本語」は、簡単になるように日本語を単純化したり加工したりすることを表したものではありません。世界で最も習得の難しい言語の一つとされる日本語を、少しでもわかりやすく学習できるようにしたい、という思いを込めたものです。また、高い学力がなくても、日本語に親しみ、気軽に日本語を使えるようにしたい——そういう趣旨からです。

　自分のペースで学習を進め、日本語をおぼえ、実生活でどんどん使っていただければと思います。そのお手伝いができれば幸いです。

Ｊリサーチ出版編集部

Foreword

This book is meant to be an educational aid for learners who want to begin understanding what Japanese they can, gradually gaining the ability to speak. As such, this volume is based on the following.

○ Build a cycle of learning between grammar and conversation.
○ Focus on highly essential items, especially daily conversations.
○ Pay close attention to materials to make sure they teach natural Japanese expressions and natural back-and-forth conversations.
○ Reliably foster language skills by building upon small steps while going back and reviewing what was previously learned.

Though the title of this book is *Simple and Easy Japanese*, this does not mean that it uses simplified or artificially modified content. Japanese is said to be one of the hardest languages in the world to learn, and this title reflects our wish to do whatever we can to make it easier to study. We also want those at all levels of ability to grow more familiar with Japanese and be able to use it without reservations.

We hope you study at your own pace, learn Japanese, and use more and more of what you learn in your everyday life. If we are able to help you do that, we have accomplished our goal.

The J Research Editorial Department

Lời mở đầu

"Tôi muốn hiểu hơn dù chỉ là một chút tiếng Nhật" "Tôi muốn dần dần nói được tiếng Nhật", một giáo trình có thể đáp ứng được nguyện vọng ấy của người học là mục đích chúng tôi hướng tới khi biên soạn cuốn sách này. Do đó, cuốn sách này xoay quanh nội dung chính như sau:

○ Tích lũy dần một cách đồng bộ cả kiến thức ngữ pháp và hội thoại.
○ Tập trung ra các mục có mức độ cần thiết cao lấy trung tâm là các bối cảnh hội thoại thường nhật.
○ Chọn lựa kĩ tài liệu cung cấp, sử dụng các cách nói tiếng Nhật tự nhiên, các trao đổi hội thoại tự nhiên.
○ Bồi dưỡng thực lực một cách vững chắc bằng cách tích lũy tiến lên từng bước nhỏ, cách lặp lại nội dung bài học.

"Tiếng Nhật dễ hiểu" nêu trong chủ đề sách không có nghĩa là tiếng Nhật đã can thiệp cho đơn điệu dễ hiểu. Nó hàm chứa mong muốn làm thế nào đó để quý độc giả có thể học tiếng Nhật – một trong những ngôn ngữ được coi là khó học nhất trên thế giới – một cách dễ dàng hơn dù chỉ một chút của chúng tôi. Đồng thời chúng tôi cũng mong muốn ngay cả người học không có năng lực tiếp thu cao cũng có thể dễ dàng tiếp cận với tiếng Nhật và sử dụng được tiếng Nhật một cách thoải mái nhất, đó chính là nguyên nhân ra đời của tên gọi cuốn sách này.

Chúng tôi rất mong các bạn hãy học theo tốc độ phù hợp với mình, ghi nhớ tiếng Nhật và sử dụng thật nhiều trong cuộc sống thực tế. Nếu cuốn sách này góp sức được phần nào vào việc học ấy chúng tôi sẽ vô cùng vinh hạnh.

Ban biên tập NXB J Research

目次
もく　じ

Contents　Mục lục

この 本の 使い方 Kono hon no tsukaikata ･･････････････････････ **6**
ほん　つか　かた

How to Use This Book　Cách sử dụng cuốn sách này

この 本に 出てくる 人たち Kono hon ni detekuru hito tachi ････････ **8**
ほん　で　ひと

People Who Appear in this Book　Nhân vật xuất hiện trong cuốn sách này

この 本に ついて Kono hon ni tsuite ･････････････････････････ **10**
ほん

About this Book　Về cuốn sách này

Unit 1　京都へ 旅行に 行く つもりです ･･････････････････ **11**
きょう　と　りょこう　い

Kyōto e Ryokō ni iku tsumori desu

I intend to go on a trip to Kyoto.　Tôi định đi Kyoto du lịch

～（よ）う／～つもりです／～予定です／～（よ）う＋と 思います
よてい　おも

Unit 2　本を 読むのに とても いいです ････････････････ **23**
ほん　よ

Hon o yomu noni, totemo ī desu

It is very good for reading books　Rất thích hợp để đọc sách

～ために［目的］／～のに［目的］／～に［用途］／～て 来ます／～て 行きます／
もくてき　もくてき　ようと　き　い

～てみます／～て／ないで［付帯状況］
ふ たいじょうきょう

Unit 3　あまり 買って もらえませんでした ･･････････ **35**
か

Amari katte moraemasen deshita

They didn't buy much for me　Cô ấy không mua gì mấy cho tôi

～てもらいます／～てくれます／～てあげます／～てやります／～のに［逆接］
ぎゃくせつ

Unit 4　こちらに どうぞ ･･･････････････････････････ **49**

Kochira ni dōzo

Please come this way　Đắt quá tôi không mua được

お～／ご～／こちら・そちら・あちら／ございます／～でございます

／いかが／よろしい／どなた／差し上げます／いただきます／くださいます
さ あ

Unit 5　ここを 押せば いいですよ ･･･････････････････ **59**
お

Koko o oseba ī desu yo

You just need to press here　Ấn chỗ này là được

～ば［仮定］／～なら［仮定］／～なら［助言］
かてい　かてい　じょげん

／～ことにする／～ことになる／～とおりに

Unit 6　どう やって 行くか、わかりますか ･･････････ **73**
い

Dō yatte iku ka, wakarimasu ka?

Do you know how to get there?　Anh có biết đi như thế nào không?

［文］＋か／［疑問詞］＋～か／～か どうか／何と／何て／～って／～ば ～ほど
ぶん　ぎもんし　なん　なん

Unit 7 この お寺は いつ 建てられたんですか ・・・・・・・・・・・・・・・ 87
Kono o-tera wa itsu taterareta n desu ka?
When was this temple built? Chùa này được xây từ khi nào vậy?
～より／どっち（どちら）が～ですか／～で いちばん／～の ほうが／～と 言います
受け身／～から／～で［材料］／～と 言われて います／～の まま／～た まま

Unit 8 これ、ちょっと コピーさせて ください ・・・・・・・・・・・・・・・・ 99
Kore, chotto kopī-sasete kudasai
Would you please let me copy this? Em đã gọi điện nhưng chẳng ai nhấc máy cả
使役／～のは／のが／のを／のも／～（さ）せてください［許可］

Unit 9 この ハンバーガー、ちょっと 食べにくい ・・・・・・・・・・・・ 113
Kono hanbāgā, chotto tabenikui
It's kind of hard to eat this hamburger Bánh mì kẹp thịt này hơi khó ăn
～すぎます／～やすいです／～にくいです／～ほど ～ない／Aさ／～なきゃ

Unit 10 ちょうど 駅に 着いた ところです ・・・・・・・・・・・・・・・・ 125
Chōdo eki ni tsuita tokoro desu
I just got to the station Tôi đánh mất ví rồi
～ところです／～たばかりです／～ようになります／～なくなります
／～始めます／［音・におい］がします

Unit 11 安くて おいしい そうです ・・・・・・・・・・・・・・・・・・・・・・・ 139
Yasukute oishī sō desu
It seems to be cheap and tasty Quán đó nghe nói rẻ và ngon
～そうです［伝聞］／～ようです／～はずです／～場合は

Unit 12 田中先生は 今、どちらに いらっしゃいますか ・・・・・・・・・ 151
Tanaka sensē wa ima, dochira ni irasshaimasu ka?
Where is Tanaka-sensei right now? Cô Tanaka bây giờ đang ở đâu ạ?
お～になります／ご～になります／～れる／～られる／いらっしゃいます
／お越しになります／お～ください／ご～ください

Unit 13 これから 研究室に 伺っても よろしいでしょうか ・・・・・・・・・・ 165
Korekara kenkyū-shitsu ni ukagattemo yoroshī deshō ka?
May I come visit the lab right now? Bây giờ em đến phòng nghiên cứu có được không ạ?
お～します／ご～します／いたします／うかがいます／拝見します
／申します／申し上げます／参ります

がくしゅうの しりょう ・・・・・・・・・・・・・・・・・・・・・・・・・・・・ 181
Learning Materials Tài liệu học tập

「初級3」の ふくしゅう ・・・・・・・・・・・・・・・・・・・・・・・・・・ 188
Beginner Level 3 Review ôn tập "sơ cấp 3"

別冊◆会話文の 訳／練習の 答え（例）
Translation of conversational passage / Practice answers (Example)
Dịch hội thoại / Đáp án phần luyện tập (Ví dụ)

この 本の 使い方
ほん　つか　かた
How to Use This Book　Cách sử dụng cuốn sách này

ユニットのとびら　Unit Front Page　Trang đầu của mỗi bài

このユニットの学習内容に関係する会話場面を紹介しています。
がくしゅうないよう　かんけい　かいわばめん　しょうかい

Conversational scenes related to what will be taught in this unit are introduced here.
Giới thiệu bối cảnh hội thoại liên quan đến nội dung bài học đó.

🔑 キーワード　Keywords　Từ khóa

このユニットの学習内容のキーワードです。
がくしゅうないよう

Keywords related to what will be taught in this unit.
Là từ khóa nội dung học của bài đó.

💬 かいわ　Conversations　Hội thoại
Dialogue

このユニットの学習項目を使った会話例です。
がくしゅうこうもく　つか　かいわれい

音読練習をしましょう。
おんどくれんしゅう

Example conversations that use items taught in this unit. Study these through both listening and reading.

Ví dụ hội thoại sử dụng các mục đã học trong bài đó. Hãy luyện đọc thành tiếng.

言ってみましょう　Speaking　Hãy cùng nói.
い　Say Try

主要な学習項目を声に出して確認します。
しゅよう　がくしゅうこうもく　こえ　だ　かくにん

Say the major items taught in this unit aloud to confirm them.
Đọc thành tiếng các mục đã học chính trong bài và kiểm tra lại.

付属の音声を聞きながら、
ふぞく　おんせい　き

表現の練習をしましょう。
ひょうげん　れんしゅう

Listen to the included voices to learn expressions.

Vừa nghe phát âm trong đĩa đính kèm vừa luyện các cách nói.

ステップアップ！　Step Up　Mở rộng thêm
Step Up

「かいわ」で取り上げた学習項目に関連する
と　あ　がくしゅうこうもく　かんれん

ものをさらに取り上げ、学習を発展させます。
と　あ　がくしゅう　はってん

Further expansion of items related to what is taught in the "Conversation" section of the unit, furthering your learning.

Giới thiệu sâu hơn nữa về các mục liên quan đến nội dung đã học ở "Hội thoại" để thúc đẩy việc học hơn nữa.

れんしゅうしましょう *Let's practice*
Practice
Hãy cùng luyện tập

会話を中心としたさまざまなドリルをします。
どのドリルも、声に出して文を言いましょう。

Various drills focusing on conversations. Try speaking all of the drills aloud.

Là các bài luyện thêm chủ yếu dưới dạng hội thoại. Hãy đọc thành tiếng từng câu của các bài luyện thêm.

別冊に
会話文の訳と
練習の答え（例）
があります。

Translations of conversations and learning answers (examples) are available in a separate volume.

Có phần dịch đoạn hội thoại và đáp án luyện tập (ví dụ) được in trong sách đính kèm.

話しましょう *Let's talk*
Keep On Talking
Hãy nói thật nhiều

学習したことをふまえた少し
発展的な内容の会話例を紹介
します。

Example conversations that take what was learned and go a step further.

Giới thiệu các ví dụ hội thoại về các nội dung phát triển hơn một chút so với phần đã học.

あたらしい ことば
New words and expressions
New Words
Từ mới

このユニットで扱った単語や表現のリスト
です。

A list of new words and expressions used in this unit.
Là danh sách các từ mới, cách nói được sử dụng trong bài.

ふくしゅうノート
Review Notes　Sổ tay ôn tập

このユニットで学習した文型などをポイント解説します。
Specific explanations of sentence patterns and other items learned in this unit.
Giải thích các điểm chính như các mẫu câu đã học trong bài.

この ほんに でてくる ひとたち

People Who Appear in this Book　Nhân vật xuất hiện trong cuốn sách này

マリア
Maria

オーストラリア
Ōsutoraria
がくせい
gakusē
とうきょうにほんごがっこう
Tōkyō Nihongo gakkō

ポール
Pōru

イギリス
Igirisu
がくせい
gakusē
とうきょうにほんごがっこう
Tōkyō Nihongo gakkō

ワン
Wan

ちゅうごく
Chūgoku
がくせい
gakusē
しぶやだいがく
Shibuya daigaku

キム
Kimu

かんこく
Kankoku
がくせい
gakusē
しぶやだいがく
Shibuya daigaku

マイカ
Maika

フィリピン
Firipin
けんしゅうせい
kenshūsē
しんじゅくびょういん
Shinjuku byōin

リンダ
Rinda

アメリカ
Amerika
きょうし（えいご）
kyōshi (ēgo)
よこはまスクール
Yokohama sukūru

グエン
Guen

ベトナム
Betonamu
がくせい
gakusē
とうきょうにほんごがっこう
Tōkyō Nihongo gakkō

たなかせんせい
Tanaka sensē

にほん
Nihon
きょうし（にほんご）
Kyōshi (nihongo)
とうきょうにほんごがっこう
Tōkyō Nihongo gakkō

アリ
Ari

インドネシア
Indoneshia
がくせい
gakusē
しぶやだいがく
Shibuya daigaku

さくら
Sakura

にほん
Nihon
がくせい
gakusē
しぶやだいがく
Shibuya daigaku

あおき
Aoki

にほん
Nihon
かいしゃいん
kaishain
ABC りょこう
Ēbīshī ryokō

この 本に ついて

About this Book　Về cuốn sách này

● ローマ字表記では、固有名詞を含め、日本式の書き方で統一しています。

All Romanization used is Nihon-shiki, including Romanization of proper nouns.
Về cách viết chữ Romaji, sách thống nhất theo cách viết kiểu Nhật bao gồm cả tên các danh từ riêng.

● 学習サポートのための専用サイトがあります。下記の QR コードからアクセスできます。

A specialized website has been created to help learners. It can be accessed using the following QR code.
Có trang web chuyên dụng riêng để hỗ trợ việc học.

CDの内容　CD Contents
Nội dung CD

付属の CD には以下の内容が収められています。

The following are included in the attached CD.
Đĩa CD đính kèm bao gồm các nội dung sau:

▶ **かいわ** Conversations　Hội thoại

▶ **ステップアップ！**　Step Up　Mở rộng thêm (Step-up)

▶ **どんどんはなしましょう**　Keep Talking　Hãy cùng nói

● 音声をダウンロードの案内は、この本の最後にあります。（日本語版と英語版があります。）

See the end of this book for how to download it. (English version only.)
Hướng dẫn tải file âm thanh nằm ở cuối cuốn sách này. (Chỉ có bản tiếng Anh)

この本で使う記号　Symbols Used in this Book
Những kí hiệu sử dụng trong cuốn sách này

N ＝めいし Noun／Danh từ　　　　　　NA＝な-けいようし　Na-adjective／Tính từ đuôi な

A ＝い-けいようし　I-adjective／Tính từ đuôi い　　V＝どうし　Verb／Động từ

Unit 1

京都へ 旅行に 行く つもりです
きょう と りょこう い

Kyōto e Ryokō ni iku tsumori desu

I intend to go on a trip to Kyoto
Tôi định đi Kyoto du lịch

 キーワード
Keywords

〜(よ)う	〜つもりです	〜予定です よ てい	〜(よ)う＋と 思います おも
〜yō/ō	〜tsumori desu	〜yotē desu	〜yō/ō　　to omoimasu

〜と 言います ［間接引用］　　こう・そう・ああ
い 　 かんせついんよう

〜to ī masu　　　　　　　　　　kō, sō, ā

11

 **かいわ・1**
Dialogue

マリア　暑く　なって　きたね。

ポール　うん。エアコンを　つけよう。

Maria　Atsuku natte kita ne.

Pōru　Un. Eakon o tsukeyō.

かいわ・2
Dialogue

たなか　夏休みは　何を　しますか。

グエン　大阪に　遊びに　行こうと　思って　います。

Tanaka　Natsu-yasumi wa nani o shimasu ka.

Guen　Ōsaka ni asobi ni ikō to omotte imasu.

かいわ・3
Dialogue

さくら　大学を　卒業したら、どう　しますか。

キム　日本の　会社で　働く　つもりです。

Sakura　Daigaku o sotsugyō shitara, dō shimasu ka.

Kimu　Nihon no kaisha de hataraku tsumori desu.

かいわ・4
Dialogue

アリ　お正月は　国へ　帰りますか。

ワン　いいえ。今年は　休みが　短いので、帰らない　つもりです。

Ari　Oshôgatsu wa kuni e kaerimasu ka?

Wan　Îe. Kotoshi wa yasumi ga mijikai node, kaeranai tsumori desu.

かいわ・5
Dialogue

部長　明日の　会議は　何時から？

あおき　午後2時から　始める　予定です。

Buchō　Ashita no kaigi wa nan-ji kara?

Aoki　Gogo ni-ji kara hajimeru yotē desu.

かいわ・6
Dialogue

社員A　どのくらい　旅行に　行きますか。
リンダ　５日間の　予定です。

Shain A　Donokurai ryokō ni ikimasu ka?
Rinda　Itsuka-kan no yotē desu.

言ってみましょう
Say Try

❶ コーヒーを
| 飲もう |
| 作ろう |
| 飲みに 行こう |
。

Kōhī o nomō / tsukurō / nomi ni ikō.

❷ 大学を　卒業したら、
| 国に 帰ろう |
| 高校で 数学を 教えよう |
と　思います。

Daigaku o sotsugyō-shitara, kuni ni kaerō / kōkō de sūgaku o oshieyō to omoimasu.

❸ 来月、
| パソコンを 買う |
| アルバイトを やめる |
つもりです。

Raigetsu, pasokon o kau / arubaito o yameru tsumori desu.

❹ 冬休みは
| 国に 帰らない |
| どこにも 行かない |
つもりです。

Fuyu-yasumi wa kuni ni kaeranai / dokonimo ikanai tsumori desu.

❺ 会議は
| ５時に 終わる |
| １２時からの |
| ３回行う |
予定です。

Kaigi wa go-ji ni owaru / jūni-ji kara no / san-kai okonau yotē desu.

13

ステップアップ！ Step Up

1 ～ましょう（「勧誘」のみ）
mashō

❶ あの お店、よかったですね。また、行きましょう。
Ano o-mise, yokatta desu ne. Mata, ikimashō.

❷ きれいな 景色ですね。ここで 写真を 撮りましょう。
Kirē na keshiki desu ne. Koko de shashin o torimashō.

2 ～つもり
tsumori

❶ 夏に なったら、海へ 行こうと 思います。
Natsuni nattara, umi e ikōto omoimasu.

❷ 試験が 終わったら、映画を 見に 行く つもりです。
Shiken ga owattara, ēga o mi ni iku tsumori desu.

3 [文章] ＋と 言います
to　īmasu

❶ 青木さんは 明日 会社を 休むと 言って いました。
Aoki-san wa ashita kaisha o yasumu to itte imashita.

❷ ワンさんは 週末は ひまだと 言って いました。
Wan-san wa shūmatsu wa himada to itte imashita.

4 ～は ～と 思っています
wa　to　omotte imasu

❶ しぶや大学に 合格するのは 難しいと 思って います。
Shibuya daigaku ni gōkakusuru nowa muzukashī to omotte imasu.

❷ 青木さんが この 会議に 出ないのは 問題ないと 思って います。
Aoki-san ga kono kaigi ni denai nowa mondai nai to omotte imasu.

14

5 こう・そう・ああ
kō　sō　ā

❶ さくらさんの 名前の 漢字は こう 書きますか。
なまえ　　かんじ　　　　　　か

Sakura-san no namae no kanji wa kō kakimasu ka?

❷ 私も そう 思います。
わたし　　　　　おも

Watashi mo sō omoimasu.

❸ ああいう 商品は、買わない ほうが いいです。
しょうひん　か

Āiu shōhin wa kawanai hōga ī-desu.

れんしゅうしましょう Let's practice

1 意向形 (volitional-form ／ thể ý chí) を 書いて ください。 Ikō-kē o kaite kudasai.
いこうけい　　　　　　　　　　　　　　　　　　　　　　　か

飲みます の nomimasu	れい) 飲もう Re)　　の 　　　nomō	食べます た tabemasu	
読みます よ yomimasu		見ます み mimasu	
遊びます あそ asobimasu		寝ます ね nemasu	
行きます い ikimasu		教えます おし oshiemasu	
撮ります と torimasu		します shimasu	
作ります つく tsukurimasu		来ます き kimasu	

2 形を 変えて ください。　Katachi o kaete kudasai.

れい）週末は 友だちと 遊びに （行きます → 行こう）と 思って います。

Re）　Shūmatsu wa tomodachi to asobi ni (ikimasu → ikō) to omotte imasu.

① 来週から 毎朝 ジョギングを （します→　　　　　）と 思って います。
Raishū kara maiasa jogingu o (shimasu →　　) to omotte imasu.

② 今晩、映画を （見ます→　　　　　）と 思って います。
Konban, ēga o (mimasu →　　) to omotte imasu.

③ 日曜日は うちで （休みます→　　　　　）と 思って います。
Nichiyōbi wa uchi de (yasumimasu →　　) to omotte imasu.

④ 今日は 早く 家に （帰ります→　　　　　）と 思って います。
Kyō wa hayaku ie ni (kaerimasu →　　) to omotte imasu.

3 □から ことばを えらんで、ただしい 形に して 入れて ください。

□ kara kotoba o erande, tadashī katachi ni shite irete kudasai.

れい）明日は 朝5時に （ 起きる ）つもりです。
Re）　Ashita wa asa go-ji ni　　okiru　　tsumori desu.

① お正月に 家族で 旅行に （　　　　　）つもりです。
O-shōgatsu ni kazoku de ryokō ni　　　　tsumori desu.

② デパートに 行きますが、何も （　　　　　）つもりです。
Depāto ni ikimasu ga, nani mo　　　　　　tsumori desu.

③ 高校を 卒業したら、アメリカに （　　　　　）つもりです。
Kōkō o sotsugyō-shitara, amerika ni　　　　tsumori desu.

④ 今週は 日曜日も （　　　　　）つもりです。
Konshū wa nichiyō-bi mo　　　　tsumori desu.

起きます	留学します	休みます	行きます	買います
okimasu	ryūgaku-shimasu	yasumimasu	ikimasu	kaimasu

4 ( ) の ことばを つかって、文を 作って ください。

( ) no kotoba o tsukatte, bun o tsukutte kudasai.

れい) A 会議は どこで しますか。
Re) Kaigi wa doko de shimasu ka?

B （第2会議室） → 第2会議室で する 予定です。
Daini kaigi-shitsu Daini kaigi-shitsu de suru yotē desu.

① A いつから 留学しますか。
Itsu kara ryūgaku-shimasu ka ÷

B （今年の 9月から） → _____ 。
kotoshi no ku-gatsu kara

② A パーティーには 何人 来ますか。
Pātī niwa nan-nin kimasu ka?

B （50人） → _____ 。
(Gojū-nin)

③ A 結婚式は いつ しますか。
Kekkon-shiki wa itsu shimasu ka?

B （来年5月） → _____ 。
Rainen go-gatsu

④ A 資料は だれが 作りますか。
Shiryō wa dare ga tsukurimasu ka?

B （キムさんとアリさん） → _____ 。
(Kimu-san to Ari-san)

5 形を 変えて ください。　Katachi o kaete kudasai.
かたち か

れい) A　日曜日の　お祭りに　行きますか。
にちようび　まつ　い
Rē)　　　Nichiyōbi no o-matsuri ni ikimasu ka?

B　天気が　よかったら（行く → 行こう）と　思います。
てんき　い　い　おも
Tenki ga yokattara （iku → ikō） to omoimasu.

① A　夏休みは　どこかへ　行きますか。
なつやす　い
Natsu-yasumi wa dokoka e ikimasu ka?

B　安い　飛行機の　チケットが　取れたら、旅行（します→　　　　）
やす　ひこうき　と　りょこう
と　思います。
おも
Yasui hikōki no chiketto ga toretara, ryokō （shimasu →　　） to omoimasu.

② A　いつ　休みを　取りますか。
やす　と
Itsu yasumi o torimasu ka?

B　仕事が　忙しく　なかったら、来週　休みを（取ります→　　　　）
しごと　いそが　らいしゅう　やす　と
と　思います。
おも
Shigoto ga isogashiku nakattara, raishū yasumi o （torimasu →　　） to
omoimasu.

③ A　いつごろ、カメラを　買いますか。
か
Itsugoro kamera o kaimasu ka?

B　お金が　たまったら、（買います→　　　　　）と　思います。
かね　か　おも
O-kane ga tamattara, （kaimasu →　　） to omoimasu.

④ A　来週の　土曜日は　何を　しますか。
らいしゅう　どようび　なに
Raishū no doyōbi wa nani o shimasu ka?

B　アルバイトが　休みだったら、家で　ゆっくり（します→　　　　）
やす　いえ
と　思います。
おも
Arubaito ga yasumidattara, ie de yukkuri （shimasu →　　） to omoimasu.

6 ことばを 入れて ください。　*Kotoba o irete kudasai.*

れい) A　靴売り場は　8階ですね。
Rē)　　Kutsu-uriba wa hachi-kai desu ne.

　　　B　そうですね。エレベーターで　（　行きましょう　）。
　　　　　Sō desu ne. erebēta de　　　　　　　　ikimashō.

① A　青木さんも　明日の　セミナーに　行きますか。
　　　Aoki-san mo ashita no seminā ni ikimasu ka?

　　B　はい。では、2時に　駅で（　　　　　　）。
　　　Hai. Dewa, ni-ji ni eki de

② A　今日は　どこで　お昼ごはんを　食べますか。
　　　Kyō wa doko de ohirugohan o tabemasu ka?

　　B　学校の　食堂で。ポールさんも　いっしょに　（　　　　　　）。
　　　Gakkō no shokudō de. Pōru-san mo isshoni

③ A　この映画、おもしろそうですね。
　　　Kono ēga, omoshiro sō desu ne.

　　B　そうですね。今度　いっしょに　（　　　　　　）。
　　　Sō desu ne.　　　kondo issho ni

④ A　10番のバスが、なかなか　来ませんね。
　　　Jū-ban no basu ga, nakanaka kimasen ne.

　　B　あっ、来ました。（　　　　　　）。
　　　Att, kimashita.

① A 最近、この パソコン、調子が 悪いんです。

B それは、困りましたね。

A はい。新しい パソコンを 買おうと 思っています。

B どんな パソコンを 買う つもりですか。

A これより 小さくて、軽いのを 買う つもりです。

Wan	Saikin, kono pasokon, chōshi ga warui n desu.
Sakura	Sore wa, komarimashita ne.
Wan	Hai. Atarashī pasokon o kaō to omotte imasu.
Sakura	Donna pasokon o kau tsumori desu ka?
Wan	Koreyori chīsakute, karui no o kau tsumori desu.

② A 大学を 卒業したら どうしますか。

B アメリカに 留学する つもりです。

A そうですか。どのくらいですか。

B １年の 予定です。

A	Daigaku o sotsugyō-shitara dō shimasu ka?
B	Amerika ni ryūgaku suru tsumori desu.
A	Sō desu ka. Dono kurai desu ka?
B	Ichi-nen no yotē desu.

あたらしい ことば
New words and expressions

お正月 しょうがつ	o-shōgatsu	New Year's	Tết, năm mới
商品 しょうひん	shōhin	product	sản phẩm
とります [写真を] しゃしん	torimasu [shashin o]	take [a photo]	chụp (ảnh)
毎朝 まいあさ	maiasa	every morning	hàng sáng
ジョギング	jogingu	jogging	chạy bộ
留学 りゅうがく	ryūgaku	study abroad	du học
結婚式 けっこんしき	kekkon-shiki	wedding ceremony	lễ cưới
ゆっくり	yukkuri	slowly	từ từ, thong thả
セミナー	seminā	seminar	hội thảo
調子 ちょうし	chōshi	feeling	phong độ, tình trạng (sức khỏe)

ふくしゅうノート 📝
Review Notes　Sổ tay ôn tập

■ ～（よ）う [Volitional-form]

Expresses the speaker's will, or an expression that invites someone to something.

　　Example 1: 明日は　テストだから　早く　起きよう。(Let's wake up early tomorrow since we have a test.)

　　Example 2: みんなで　いっしょに　レストランに　行こう。(Let's all go to the restaurant together.)

■ ～つもりです

An expression that states what the speaker has decided.
[Negative dictionary form]+intent

　　Example 1: 夏休みは、アルバイトを　する　つもりです。(I intend on working a part-time job during summer break.)

　　Example 2: 財布を　忘れたので、友達に　お金を　借りる　つもりです。
　　　　　　　(I forgot my wallet, so I intend on borrowing money from a friend.)

- -

■ ～（よ）う [Thể ý chí]

Là cách nói thể hiện ý chí của người nói, muốn mời người khác làm gì đó.

　　Ví dụ 1: 明日は　テストだから　早く　起きよう。(Ngày mai có bài kiểm tra nên phải dậy sớm thôi.)

　　Ví dụ 2: みんなで　いっしょに　レストランに　行こう。(Mọi người cũng đi nhà hàng đi!)

■ ～つもりです

Là cách nói thể hiện quyết định trong đầu của người nói.

(Thể ngắn, thể phủ định) + つもり

　　Ví dụ 1: 夏休みは、アルバイトを　する　つもりです。(Nghỉ hè tôi định làm thêm.)

　　Ví dụ 2: 財布を　忘れたので、友達に　お金を　借りる　つもりです。(Vì quên ví nên tôi định sẽ mượn tiền bạn.)

■ ～（よ）う [意向形]

話し手の意志を表したり、人を何かに誘ったりする表現です。

　　れい1）明日はテストだから早く起きよう。

　　れい2）みんなでいっしょにレストランに行こう。

■ ～つもりです

話し手が心に決めていたことを表す表現です。

[辞書形、ない形] ＋つもり

　　れい1）夏休みは、アルバイトをするつもりです。

　　れい2）財布を忘れたので、友達にお金を借りるつもりです。

Unit 2

本を 読む のに、とても いいです
Hon o yomu noni, totemo ī desu
It is very good for reading books
Rất thích hợp để đọc sách

 キーワード
Keywords

～ために［目的］	～のに［目的］	～に［用途］
～tame ni	～noni	～ni
～て 来ます	～て 行きます	
～te kimasu	～te ikimasu	
～て みます	～て / ないで［付帯状況］	
～te mimasu	～te/nai de	

かいわ・1
Dialogue

さくら　冬休みは　どう　しますか。
ふゆやす

アリ　　お金を　ためる　ために　アルバイトを　します。
　　　　かね

Sakura　Fuyu-yasumi wa dō shimasu ka?
Ari　　　O-kane o tameru tame ni arubaito o shimasu.

かいわ・2
Dialogue

リンダ　青木さんは、家から　駅まで　バスに　乗りますか。
　　　　あおき　　　いえ　　えき　　　　　　　の

青木　　いいえ。健康の　ために、歩いて　います。
あおき　　　　　けんこう　　　　　　ある

Rinda　Aoki-san wa iekara eki made basu ni norimasu ka?
Aoki　　Īe.Kenkō no tame ni, aruite imasu.

かいわ・3
Dialogue

アリ　　この　カフェは　静かですね。
　　　　　　　　　　　　しず

さくら　はい。本を　読むのに、とても　いいです。
　　　　　　ほん　よ

Ari　　　Kono kafe wa shizuka desu ne.
Sakura　Hai. Hon o yomu noni, totemo ī desu.

かいわ・4
Dialogue

さくら　大きい　かばんですね。
　　　　おお

ワン　　ええ。パソコンを　入れるのに　ちょうど　いいんです。
　　　　　　　　　　　　い

Sakura　Ōkī　kaban desu ne.
Wan　　　Ē. Pasokon o ireru noni chōdo ī n desu.

💬 かいわ・5
Dialogue

マイカ　　この　お酒は、飲まないんですか。

青木（あおき）　はい。これは　料理（りょうり）に　使（つか）います。

Maika　　Kono o-sake wa, nomanai n desu ka?

Aoki　　Hai. Korewa ryōri ni tsukaimasu.

💬 かいわ・6
Dialogue

キム　　どこに　行（い）ってたんですか。

ワン　　コンビニです。飲（の）み物（もの）を　買（か）って　きました。

Kimu　　Doko ni itteta n desu ka?

Wan　　Konbini desu. Nomimono o katte kimashita.

言（い）ってみましょう　Say Try

❶ | 医者（いしゃ）に　なる / 将来（しょうらい）の | ために　勉強（べんきょう）して　います。

Isha ni naru / Shōrai no tameni benkyō-shite imasu.

❷ | 友達（ともだち）に　あげる / カレーを　作（つく）る | のに、| ハンカチ / 牛肉（ぎゅうにく) | を　買（か）いました

Tomodachi ni ageru / Karē o tsukuru noni, hankachi / gyūniku o kaimashita.

❸ ボーナスは | パソコンを　買（か）うの / 旅行（りょこう) | に　使（つか）います。

Bōnasu wa pasokon o kau no / ryokō ni tsukai masu.

❹ | 昼（ひる）ご飯（はん）を　食（た）べて / コピーを　して | きます。

Hirugohan o tabete / kopī o shite kimasu.

1 ～て 行きます
te ikimasu

❶ 毎朝、コンビニで 飲み物を 買って 行きます。
Maiasa, konbini de nomimono o katte ikimasu.

❷ カフェで 休んで 行きましょう。
Kafe de yasunde ikimashō.

2 ～て みる
te miru

❶ 店の 場所が わからないので、ネットで 調べて みます。
Mise no basho ga wakaranai node, netto de shirabete mi masu.

❷ いつか 宇宙へ 行って みたい です。
Itsuka uchū e itte mitai desu.

❸ この 服、着て みても いいですか。
Kono fuku, kite mite mo ī desu ka?

3 ～て／ないで ［付帯状況］
te nai de ふたいじょうきょう

❶ おすしは しょう油を つけて 食べます。
O-sushi wa shōyu o tsukete tabemasu.

❷ 私は コーヒーに 何も 入れないで 飲みます。
Watashi wa kōhī ni nanimo irenai de nomimasu.

4 ～も ［数量］
すうりょう

❶ この ケーキは 一日に 500個も 売れます。
Kono kēki wa ichi-nichi ni gohyak-ko mo ure masu.

❷ 道が 混んで いて、会社まで 3時間も かかりました。
Michi ga konde ite, kaisha made san-jikan mo kakarimashita.

れんしゅうしましょう
Let's practice

1 形を 変えて ください。 *Katachi o kaete kudasai.*

れい) 日本語を (勉強します→ 勉強する) ために、アニメを 見て います。

Re) 　　Nihongo o （benkyō-shimasu → benkyō-suru） tameni, anime o mite imasu.

① （やせます→　　　　　　　 ） ために、毎日 2時間 走って います。

　　（Yasemasu →　　　 ） tameni, mainichi ni-jikan hashitte imasu.

② （子供→　　　　　　 ） ために、貯金して います。

　　（Kodomo →　　　 ） tameni, chokin-shite imasu.

③ 明日（休みます→　　　　　 ）ために、今日は たくさん 仕事を します。

　　Ashita （yasumi masu →　　　 ） tameni, kyō wa takusan shigoto o shimasu.

④ （家族→　　　　　　 ） ために、働いて います。

　　（Kazoku →　　　 ） tameni, hataraite imasu.

27

2 ことばを 入れて ください。 Kotoba o irete kudasai.

れい）A 会社の 近くに コンビニが たくさん ありますね。
かいしゃ ちか
Kaisha no chikaku ni konbini ga takusan arimasu ne.

B はい。お昼ご飯を （ 買う ）のに 便利です。
ひる はん か べんり
Hai. O-hiru gohan o kau noni benri desu.

① A これを ベトナムに（ 　　　　）のに、いくらぐらい かかりますか。
Kore o betonamu ni noni, ikura gurai kakarimasu ka?

B 1,500円ぐらいだと 思います。
えん おも
Sen gohyaku-en gurai da to omoimasu.

② A 広くて きれいな 公園ですね。
ひろ こうえん
Hirokute kirē na kōen desu ne.

B ええ。子供が （ 　　　　）のに、いいです。
こども
Ē. Kodomo ga noni, ī desu.

③ A この ピザは 二人で（ 　　　　）のに ちょうど いいんじゃない？
ふたり
Kono piza wa futari de noni chōdo ī n ja nai?

B そうだね。これを 注文しよう。
ちゅうもん
Sō da ne. Kore o chūmon-shiyō.

④ A 日本の 歌を よく 聞きますか。
に ほん うた き
Nihon no uta o yoku kikimasu ka?

B はい。言葉を （ 　　　　）のに、役に 立ちます。
こと ば やく た
Hai. Kotoba o noni, yaku ni tachimasu.

3 □から ことばを えらんで、ただしい 形に して 入れて ください。

□ kara kotoba o erande, tadashī katachi ni shite irete kudasai.

れい) A　これは　何ですか。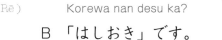
Re)　　　Korewa nan desu ka?

　　　B　「はしおき」です。
　　　　　"Hashioki" desu.

　　　　　はしを（　置く　）のに　使います。
　　　　　Hashi o 　　oku　　　 noni tsukaimasu.

① A　どうして　2つ　買うんですか。
　　　Dō-shite futatsu kau n desu ka?

　　B　1つは　妹に（　　　　　　）のに、2つ　買うんです。
　　　Hitotsu wa imōto ni 　　　　　　 noni, futatsu kau n desu.

② A　この　袋は　使いますか。
　　　Kono fukuro wa tsukai masu ka?

　　B　はい。ゴミを（　　　　）のに、使います。
　　　Hai.　Gomi o 　　　　　 noni, tsukaimasu.

③ A　じゃ、行きましょうか。
　　　Jā, ikimashō ka?

　　B　ちょっと　待って　ください。
　　　Chotto matte kudasai.

　　　母に（　　　　）のに、写真を　撮ります。
　　　Haha ni n 　　　　　 noni, shashin o torimasu.

④ A　これは　何ですか。
　　　Kore wa nan desu ka?

　　B　「れんげ」です。
　　　"Renge" desu.

　　　スープを（　　　　　）のに　使います。
　　　Sūpu o 　　　　　　 noni tsukaimasu.

きれいにします	飲みます	あげます	入れます	見せます
kirē ni shimasu	nomimasu	agemasu	iremasu	misemasu

Unit
2
本を 読む のに、とても いいです
Hon o yomu noni, totemo ī desu

4 絵を 見て、文を 書いて ください。 E o mite, bun o kaite kudasai.

れい)
Re)

電話を　かけて　きます。
Denwa o kakete kimasu.

①  ②  ③  ④

① ＿＿＿＿＿＿＿＿＿＿＿ 。 ③ ＿＿＿＿＿＿＿＿＿＿＿＿＿＿＿＿＿＿＿＿ 。

② ＿＿＿＿＿＿＿＿＿＿＿ 。 ④ ＿＿＿＿＿＿＿＿＿＿＿＿＿＿＿＿＿＿＿＿ 。

5 ことばを 入れて ください。 Kotoba o irete kudasai.

れい) この　くつ、いいですね。(はいてみても) いいですか。
Re)　　Kono kutsu, ī desu ne.　　　　　Haite mitemo　　ī desu ka?

①  ②  ③  ④

① 暖か そうな コートですね。(　　　　　) いいですか。
　　あたた
　　Atataka sō　na kōto desu ne.　　　　　　　ī desu ka?

② この　帽子、おしゃれですね。(　　　　　) いいですか。
　　　　　ぼう し
　　Kono bōshi, oshare desu ne.　　　　　　　ī desu ka?

③ 新しい　スマホですね。(　　　　　) いいですか。
　　あたら
　　Atarashī　sumaho desu ne.　　　　　ī desu ka?

④ いい ソファーですね。(　　　　　) いいですか。
　　Ī sofā desu ne.　　　　　　　　　ī desu ka?

6 絵を 見て、ことばを 入れて ください。 E o mite, kotoba o irete kudasai.

れい）

Re)

昨日は 暑かったので、エアコンを （つけて） 寝ました。
Kinō wa atsukatta node, eakon o tsukete nemashita.

昨日は 暑かったですが、エアコンを （つけないで） 寝ました。
Kinō wa atsukatta desu ga, eakon o tsukenai de nemashita.

①  ②  ③  ④

① さしみは しょうゆを （　　　　　　　） 食べます。
Sashimi wa shōyu o　tabemasu.

② コーヒーは さとうを （　　　　　　　） 飲みます。
Kōhī wa satō o　nomimasu.

③ 昨日 家の 窓を （　　　　　　　） でかけてしまいました。
Kinō ie no mado o　dekakete shimaimashita.

④ 私は いつも めがねを （　　　　　　　） 本を 読みます。
Watashi wa itsumo megane o　hon o yomimasu.

①

グエン　マリアさん、買い物に　行ったんですか。

マリア　はい。ちょっと　コンビニに　行って　来ました。

グエン　たくさん　買いましたね。

マリア　みんなで　食べる　ために、お菓子を　買って　来ました。

グエン　ありがとうございます。じゃ、ちょっと　休みましょうか。

マリア　ええ。グエンさんは、コーヒーに　ミルクと　さとうを　入れて　飲みますか。

グエン　いいえ、私は　何も　入れないで　飲みます。

Guen　Maria-san, kaimono ni itta n desu ka?
Maria　Hai. Chotto konbini ni itte kimashita.
Guen　Takusan kaimashita ne.
Maria　Min-na de taberu tameni, okashi o katte kimashi ta.
Guen　Arigatō gozaimasu. Ja,chotto yasumi mashō ka?
Maria　Ē.Guen-san wa, kōhī ni miruku to satō o irete nomimasu ka?
Guen　Īe, watashi wa nani mo irenai de nomimasu.

②

グエン　これは　ハンカチですか。

さくら　いいえ。これは「ふろしき」です。物を　つつむのに　使います。

グエン　へえ。さくらさんは　使った　ことが　ありますか。

さくら　ええ。着物を　着た　ときに　使った　ことが　あります。

グエン　なるほど。着物を　着るときに　使うんですね。私も　使って　みたいです。

Guen　Kore wa hankachi desu ka?
Sakura　Īe. Korewa "furoshiki" desu. Mono o tsutsumu noni tsukaimasu.
Guen　Hē. Sakura-san wa tsukatta koto ga arimasu ka?
Sakura　Ē. Kimono o kita toki ni tsukatta koto ga arimasu.
Guen　Naruhodo. Kimono o kiru toki ni tsukau n desu ne. Watashi mo tsukatte mitai desu.

あたらしい ことば

ためます	tamemasu	save up	tích lũy
ハンカチ	hankachi	handkerchief	khăn tay
ボーナス	bōnasu	bonus	tiền thưởng
宇宙 うちゅう	uchū	space	vũ trụ
しょうゆ	shōyu	soy sauce	xì dầu
アニメ	anime	animation	phim hoạt hình
やせます	yasemasu	lose weight	gầy
貯金します ちょきん	chokin-shimasu	save money	tiết kiệm tiền
袋 ふくろ	fukuro	bag	túi
見せます み	misemasu	show	cho xem
コート	kōto	coat	áo khoác
ミルク	miruku	milk	sữa
ふろしき	furoshiki	A rectangular cloth used to wrap something and carry it.	miếng vải hình vuông để gói đồ

Unit

2

本を 読む のに、 とても いいです

Hon o yomu noni, totemo ī desu

33

ふくしゅうノート 📝
Review Notes　Sổ tay ôn tập

■ 〜て来ます

An expression that states one will do an action then return to the location they were originally in.

    Example 1: お弁当を　買って　きます。 (I will go and buy a boxed lunch.)
    Example 2: あの　店で　道を　聞いて　来ます。 (I will go and ask that store for directions.)

■ 〜て行きます

An expression that expresses movement from a given situation.

    Example 1: 寒いから、コートを　着て　行きます。 (It is cold, so I will wear a coat and go.)
    Example 2: 出かける　ときは、必ず　スマホを持って　行きます。 (I always carry a smartphone when I go out.)

- -

■ 〜て来ます

Cách nói thể việc hành động đã làm xong việc cần làm và quay về vị trí ban đầu.

    Ví dụ 1: お弁当を　買って　きます。 (Tôi đi mua cơm hộp (về).)
    Ví dụ 2: あの　店で　道を　聞いて　来ます。。 (Tôi ra quán kia hỏi đường.)

■ 〜て行きます

Là cách nói thể hiện hành động di chuyển từ một vị trí trong một trạng thái.

    Ví dụ 1: 寒いから、コートを　着て　行きます。 (Trời lạnh nên mặc áo khoác đi.)
    Ví dụ 2: 出かける　ときは、必ず　スマホを　持って　行きます。 (Khi đi ra ngoài phải mang điện thoại đi.)

■ 〜て来ます

目的のことをして、もとの場所に戻ることを表す表現です。

    れい1）お弁当を買ってきます。
    れい2）あの店で道を聞いて来ます。

■ 〜て行きます

ある状態で、その場から移動する様子を表す表現です。

    れい1）寒いから、コートを着て行きます。
    れい2）出かけるときは、必ずスマホを持って行きます。

Unit 3

あまり 買って もらえませんでした

Amari katte moraemasen deshita

They didn't buy much for me
Cô ấy không mua gì mấy cho tôi

 キーワード
Keywords

〜て もらいます	〜て くれます	〜て あげます	〜て もらえません
〜te moraimasu	〜te kuremasu	〜te agemasu	〜te moraemasen
〜て くれません	〜て あげません	〜て やります	〜のに [逆接] ぎゃくせつ
〜te kuremasen	〜te agemasen	〜te yarimasu	〜noni

35

 かいわ・1
Dialogue

ワン　次の　授業で　辞書が　必要なんですが、家に　忘れてきて　しまいました。

キム　私、持ってますよ。貸して　あげます。

Wan　Tsugi no jugyō de jisho ga hitsuyō na n desu ga, ie ni wasurete kite shimaimashita.

Kimu　Watashi, mottemasu yo. Kashite agemasu.

 かいわ・2
Dialogue

アリ　さくらさんは、中国語が　話せるんですか。

さくら　いいえ。簡単な　あいさつだけです。ワンさんに　教えて　もらいました。

Ari　Sakura-san wa, chūgoku-go ga hanaseru n desuka?

Sakura　Īe. Kantan na aisatsu dake desu. Wan-san ni oshiete morai mashita.

 かいわ・3
Dialogue

マリア　これ、ちょっと　持って　くれますか。

ポール　ああ、いいですよ。

Maria　Kore, chotto motte kuremasuka?

Pōru　Ā, ī desu yo.

 かいわ・4
Dialogue

青木　弟さんの　誕生日に　何か　して　あげましたか。

社員A　いいえ、今年は　何も　して　あげられませんでした。

Aoki　Otōto-san no tanjo-bi ni nanika shite agemashitaka?

Shain A　Īe, kotoshi wa nani mo shite ageraremasen deshita.

かいわ・5
Dialogue

マイカ 子どもの ころ、よく 公園とかで アイスクリームを 食べました。青木さんは？

青木 私も 食べたかったですが、あまり 買って もらえませんでした。

Maika Kodomono no koro, yoku kōen toka de aisukurīmu o tabemashita. Aoki-san wa?

Aoki Watashi mo tabetakatta desu ga, amari katte moraemasen deshita.

かいわ・6
Dialogue

A 山下さんの 彼女の 写真、見たことが ありますか。

B いいえ、私には 見せて くれないんです。

A Yamashita-san no kanojo no shashin mitakoto ga arimasuka?

B Īe, watashi niwa misete kurenai n desu.

❶ 友達
ともだち

| に ケーキを 作って
つく |
| を 駅まで 送って
えき おく |
| の 仕事を 手伝って
しごと てつだ |

あげました。

Tomodachi ni kēki o tsukutte / o eki made okutte / no shigoto o tetsudatte
agemashita.

❷ 青木さんに
あおき

| 日本語を 教えて
にほんご おし |
| 車で 送って
くるま おく |
| 町を 案内して
まち あんない |

もらいました。

Aoki-san ni nihongo o oshiete / kuruma de okutte / machi o an-nai shite
moraimashita.

❸ 青木さんが
あおき

| （私に） DVD を 貸して
わたし か |
| （私を） 家に 招待して
わたし いえ しょうたい |
| （私の） かばんを 持って
わたし も |

くれました。

Aoki-san ga (watashi ni) DVD o kashite / (watashi o) ie ni shōtai shite /(watashi
no) kaban o motte kuremashita.

❹ （私は） 妹
わたし いもうと

| に 服を 貸して
ふく か |
| を 公園に 連れて 行って
こうえん つ い |
| の 宿題を 手伝って
しゅくだい てつだ |

あげませんでした。

(Watashi wa) Imōto ni fuku o kashite / o kōen ni tsurete-itte / no shukudai o
tetsudatte agemasen deshita.

❺ （私は） 父に
わたし ちち

| おもちゃを 買って
か |
| 遊びに 連れて 行って
あそ つ い |

もらえませんでした。

(Watashi wa) Chichi ni omocha o katte/ asobini tsurete-itte moraemasen deshita.

❻ 姉は
あね

| （私に） お金を 貸して
わたし かね か |
| （私の） 恋人に 会って
わたし こいびと あ |
| （私を） 起こして
わたし お |

くれません。

Ane wa (watashi ni) okane o kashite / (watashi no) koibito ni atte / (watashi o)
okoshite kuremasen.

ステップアップ！ Step Up

1 ～て やります
te yarimasu

❶ 子供に お菓子を 買って やりました。
Kodomo ni o-kashi o katte yarimashita.

❷ 毎日 犬と 遊んで やります。
Mainichi inu to asonde yarimasu.

2 だれが ～て くれましたか
Darega te kuremashitaka?

❶ A だれが 手伝って くれましたか。
Dare ga tetsudatte kuremashita ka?

B ポールさんが 手伝って くれました。
Pōru-san ga tetsudatte kuremashita.

❷ A だれが ご飯を 作って くれましたか。
Dare ga gohan o tsukutte kuremashita ka?

B 父が ご飯を 作って くれました。
Chichi ga gohan o tsukutte kuremashita.

3 だれに ～て もらいましたか
Dare ni te moraimashita ka?

❶ A だれに この店を 教えて もらいましたか。
Dareni konomise o oshiete moraimashita ka?

B ワンさんに 教えてもらました。
Wan-san ni oshiete moraimashita.

❷ A だれに リンダさんを 紹介して もらいましたか。
Dare ni Rinda-san o shōkai-shite moraimashita ka?

B マイカさんに リンダさんを 紹介して もらいました。
Maika-san ni Rinda-san o shōkai-shite moraimashita.

4 〜て あげましょうか
te agemashō ka?

❶ A 傘を 持って いないんですか。私の かさを 貸して あげましょうか。
Kasa o motte inai n desu ka? Watashi no kasa o kashite agemashō ka?

B ありがとうございます。助かります。
Arigatō gozaimasu. Tasukarimasu.

❷ A 時間が ありませんね。駅まで 車で 送って あげましょうか。
Jikan ga arimasen ne. Eki made kuruma de okutte agemashō ka?

B すみません。お願いします。
Sumimasen. Onegai-shimasu.

5 〜のに [逆接]
ぎゃくせつ

❶ アリさんに メールを 送ったのに、返事が ありません。
Ari-san ni mēru o okutta noni, henji ga arimasen.

❷ 弟は お金が ないのに、また、新しい くつを 買いました。
Otōto wa okanega nai noni, mata, atarashī kutsu o kaimashita.

❸ この 店は 有名なのに、あまり 客が いません。
Kono mise wa yūmē na noni, amari kyaku ga imasen.

❹ 今日は 日曜日なのに、会社に 行かなければ なりません。
Kyō wa nichiyō-bi nanoni, kaisha ni ikanakereba narimasen.

1 ことばを 入れて ください。　Kotoba o irete kudasai.

れい）　荷物が　多いですね。一つ（　持って　）あげます。
Re）　Nimotsu ga ōi desu ne. Hitotsu　　　motte　agemasu.

① 子供のとき　いつも　弟に　勉強を（　　　　　　　）あげました。
Kodomo no toki itsumo otōto ni benkyō o　　　　　agemashita.

② グエンさんが　教科書を　忘れたので、私の教科書を（　　　　　　　　）
Guen-san ga kyōkasho o wasureta node, watashi no kyōkasho o
あげました。
agemashita.

③ 今週の　土曜日、ワンさんの　引っ越しを　（　　　　　　　）あげます。
Konshū no doyō-bi, Wan-san no hikkoshi o　　　　　agemasu.

④ 妹の　パソコンが　おかしく　なって　いたので、（　　　　　　　）あげました。
Imōto no pasokon ga okashiku natte ita node,　　　　agemashita.

2 ことばを 入れて ください。　Kotoba o irete kudasai.

れい）A　来週の　テストの時間、知っていますか。
Re）　Raishū no tesuto no jikan, shitte imasu ka?

　　　B　はい。ポールさんに　教えてもらいました　。
　　　　Hai.　Pōru-san ni　oshiete moraimashita.

① A　その　パソコン、買ったんですか。
Sono pasokon, katta n desu ka?

　　B　いいえ、ワンさんに　　　　　　　　　　　　　　　。
　　　Īe, Wan-san ni

② A　これ、いい写真ですね。だれが　撮ったんですか。
Kore, ī shashin desu ne. Dare ga totta n desu ka?

　　B　マリアさんに　　　　　　　　　　　　　　。
　　　Maria-san ni

41

③ A　電車で　来たんですか。
　　　でんしゃ　き
　　　Densha de kita n desu ka?

　 B　いいえ、青木さんに　車で
　　　　　　　あお　き　　　　くるま
　　　Īe, Aoki-san ni kuruma de _____。

④ A　一人で　全部　作りましたか。
　　　ひとり　ぜんぶ　つく
　　　Hitori de zenbu tsukurimashita ka?

　 B　いいえ、リンダさんに
　　　Īe, Rinda-san ni _____。

3 絵を　見て、文を　書いて　ください。E o mite, bun o kaite kudasai.
　　　え　　み　　ぶん　　か

れい）先生が（家に　招待して　くれました）。
　　　せんせい　いえ　しょうたい
Rē）　Sensē ga　ie ni shōtai-shite kuremashita.

① ② ③ ④

① おばさんが _____。
　 Obasan ga

② 友だちが _____。
　 とも
　 Tomodachi ga

③ おばさんが _____。
　 Obasan ga

④ 友だちが _____。
　 とも
　 Tomodachi ga

4 □の 中の 言葉を 使って、文を 作って ください。
なか ことば つか ぶん つく

□ no naka no kotoba o tsukatte, bun o tsukutte kudasai.

れい) 遅れた 人は 中に ＿＿＿入れて もらえません＿＿＿ 。
おく ひと なか い

Rē) okureta hito wa naka ni ＿＿irete moraemasen.＿＿

① 子供の とき、ゲームを ＿＿＿＿＿＿＿＿＿＿＿ でした。
こども

Kodomono toki, gēmu o ＿＿＿＿＿＿＿＿＿＿ deshita.

② 何回 説明しても、＿＿＿＿＿＿＿＿＿＿＿ 。
なんかい せつめい

Nan-kai setsumē shitemo ＿＿＿＿＿＿＿＿＿

③ 部長は とても 忙しいので、私の 結婚式に ＿＿＿＿＿＿＿＿＿＿ 。
ぶちょう いそが わたし けっこんしき

Buchō wa totemo isogashī node, watashi no kekkon-shiki ni

④ 彼女の 家まで 行きましたが、＿＿＿＿＿＿＿＿＿ でした。
かのじょ いえ い

Kanojo no ie made ikimashita ga ＿＿＿＿＿＿＿＿ deshita.

入れます	許します	買います	来ます	理解します
い	ゆる	か	き	りかい
iremasu	yurushimasu	kaimasu	kimasu	rikaishimasu

5 絵を見て、ことばを入れてください。 E o mite, kotoba o irete kudasai.

れい）息子は 肉ばかり 食べて、野菜を <u>食べて</u>くれません。
Rē) Musuko wa niku bakari tabete, yasai o <u>tabete</u> kuremasen.

① 赤ちゃんが なかなか _____。
Akachan ga nakanaka

② 夫は サッカーを 見ている とき、話を _____。
Otto wa sakkā o miteiru toki, hanashi o

③ 兄は 車を _____。
Ani wa kuruma o

④ 先週 けんかを してから、彼女が 電話に _____。
Senshū kenka o shite kara, kanojo ga denwa ni

6 形を 変えて ください。 Katachi o kaete kudasai.

れい）この店は（高いです → 高い ）のに、あまり おいしく ありません。
Rē) Kono mise wa (takai desu → takai) noni, amari oishiku arimasen.

① １時間（待っています → 　　　　　　　）のに、友達は まだ 来ません。
Ichi-jikan (matte imasu → 　　　　） noni, tomodachi wa mada kimasen.

② （秋です → 　　　　　　　）のに、雪が 降りました。
(Aki desu → 　　） noni, yuki ga furimashita.

③ 駅から（近いです → 　　　　　　　）のに、彼は タクシーで 来ました。
Eki kara (chikai desu → 　　） noni, kare wa takushī de kimashita.

④ この問題は（簡単です → 　　　　　　　）のに、たくさんの 学生が
間違えました。
Kono mondai wa (kantan desu → 　　） noni, takusan no gakusē ga
machigaemashita.

❶

A　いい　かばんですね。

B　ありがとうございます。就職した とき、母が 買って く
　　れました。

A　そうですか。今度は　お母さんに　プレゼントしたいですね。

B　ええ。それで、初めて ボーナスを もらった とき、母を
　　旅行に 連れて 行って あげました。

A　Ī kaban desu ne.

B　Arigatō-gozaimasu. Shūshoku-shita toki, haha ga katte kuremashita.

A　Sō desu ka. Kondo wa okāsan ni purezento-shitai desu ne.

B　Ē. Sorede, hajimete bōnasu o moratta toki, haha o ryokō ni tsurete-itte
　　agemashita.

❷

A　忙しそうですね。

B　はい。2時から 会議が あるのに、まだ 準備が できて
　　いないんです。

A　資料を コピーして きましょうか。

B　コピーは さっき 山田さんに して もらいました。

A　ほかに 何か 手伝う ことは ありますか。

B　じゃ、この パソコンを 会議室に 持って 行って くれますか。

A　ああ、いいですよ。

A　Isogashi sō desu ne.

B　Hai. Ni-ji kara kaigi ga aru noni, mada junbi ga dekite inai n desu.

A　Shiryō o kopi-shite kimashō ka?

B　Kopī wa sakki Yamada-san ni shite moraimashita.

A　Hoka ni nanika tetsudau koto wa arimasu ka?

B　Ja, kono pasokon o kaigishitsu ni motte-itte kuremasu ka?

A　Ā, ī desu yo.

あたらしい ことば
New words and expressions

あいさつ	aisatsu	greeting	chào hỏi
手伝います	tetsudaimasu	help	giúp đỡ
招待します	shōtai-shimasu	invite	mời
連れて行きます	tsureteikimasu	bring with	dắt đi
おもちゃ	omocha	toy	đồ chơi
恋人	koibito	boyfriend/girlfriend; sweetheart	người yêu
助かります	tasukarimasu	help out	may mắn, sống sót
直します	naoshimasu	fix	sửa chữa
見せます	misemasu	show	cho xem
笑います	waraimasu	laugh	cười
出ます [電話に]	demasu	answer [the phone]	ra (nghe điện thoại)
降ります [雨・雪が]	furimasu	fall [rain, snow]	rơi (tuyết, mưa)
就職	shūshoku	find employment	tìm được việc làm
会議室	kaigi-shitsu	meeting room	phòng họp

ふくしゅうノート 📝

■ 〜のに　[Adversative conjunction]

Expresses a situation that differs from an expected result given the previously described situation.

[V, A] regular form [NA, N] regular form 〜 ~~da~~ → 〜 na

Example 1: 彼女は　知って　いるのに、教えて　くれませんでした。(She knows, but she wouldn't tell me.)

Example 2: この　ストーブは、小さいのに　とても　暖かいです。(Though this stove is small, it is very warm.)

. . . .

■ 〜のに　[Mệnh đề ngược]

Thể hiện trạng thái khác nhau giữa dự đoán được nhắc ở vế trước và kết quả.

[V、A] thể thường、[NA、N] 〜 ~~だ~~ → 〜 な

Ví dụ 1: 彼女は　知って　いるのに、教えて　くれませんでした。(Cô ấy biết mà không chỉ cho tôi.)

Ví dụ 2: この　ストーブは、小さいのに　とても　暖かいです。(Cái lò sưởi này nhỏ nhưng rất ấm.)

■ 〜のに　[逆接]

前で述べていることから予想されることと結果が異なる様子を表します。

[V、A] ふつう形、[NA、N] ふつう形〜 ~~だ~~ → 〜 な

れい1）彼女は知っているのに、教えてくれませんでした。

れい2）このストーブは、小さいのにとても暖かいです。

✳ ～て くれませんか？／～て くれない？
te　kuremasen ka?　　te　kurenai?

❶ キム　すみません、ちょっと カバンを 持って くれませんか。
Kimu　Sumimasen, chotto kaban o motte kuremasen ka?

　　　ワン　いいですよ。
Wan　　Ī desu yo.

❷ アリ　これの やり方を 教えて くれませんか。
Ari　　Kore no yari-kata o oshiete kuremasen ka?

　　　さくら ああ、これですね。
Sakura　Ā, kore desu ne.

❸ A あと 10分 待って くれない？
Ato jup-pun matte kurenai?

　　B えー、早く してよ。
Ē, hayaku shite yo.

❹ A ちょっと 聞いて くれない？
Chotto kīte kurenai?

　　B 何？
Nani?

Unit 4

こちらに どうぞ

Kochira ni dōzo

Please come this way

Xin mời quý khách đi lối này

🔑 **キーワード**
Keywords

お〜	ご〜	こちら・そちら・あちら
o〜	go〜	kochira, sochira, achira

ございます	〜でございます
gozaimasu	〜de gozaimasu

いかが	よろしい	どなた
ikaga	yoroshī	donata

差し上げます	いただきます	くださいます
sashiagemasu	itadakimasu	kudasaimasu

やります	〜でしょう [確認]
yarimasu	〜deshō

🗨 かいわ・1
Dialogue

11

A　今日　あおきさんは　お休みですか。

B　はい。風邪を　引いた　そうです。

A　Kyō Aoki-san wa oyasumi desuka?

B　Hai. Kaze o hīta sōdesu.

🗨 かいわ・2
Dialogue

A　何か　ご質問が　ありましたら、こちらに　いつでも　お電話を　ください。

B　わかりました。

A　Nanika goshitsumon ga arimashitara, kochirani　itsudemo o-denwa o kudasai.

B　Wakarimashita.

🗨 かいわ・3
Dialogue

A　あの　方は　どなたですか。

B　営業部の　田中さんです。

A　Anokata wa donata desu ka?

B　Ēgyōbu no Tanaka-san desu.

🗨 かいわ・4
Dialogue

A　いらっしゃいませ。何名様ですか。

B　3人です。

A　かしこまりました。こちらに　どうぞ。

A　Irasshaimase. Nan-mē-sama desu ka?

B　San-nin desu.

A　Kashikomarimashita. Kochira ni dōzo.

50

かいわ・5
Dialogue

A これの　24センチは　ありますか。

B はい、ございます。・・・こちらでございます。・・・いかがですか。

A はい、ぴったりです。

A Kore no nijū-yon-senchi wa arimasu ka?

B Hai, gozaimasu. …Kochira de gozaimasu. … Ikaga desu ka?

A Hai, pittari desu.

かいわ・6
Dialogue

A いつが　ご都合が、よろしいですか。

B そうですね。来週の　火曜日が　いいです。

A わかりました。

A Itsu ga go-tsugō ga, yoroshī desu ka?

B Sō desu ne. Raishū no kayō-bi ga ī desu.

A Wakarimashita.

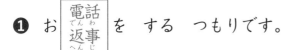

① お 電話 / 返事 **を する つもりです。**

O-denwa/ henji o suru tsumori desu.

② ご 連絡 / 確認 / 参加 **を お願いします。**

Go-renraku/kakunin/sanka o onegai-shimasu

③ あの 方 / あそこに 立って いる 方 **は どなたですか。**

Ano kata / Asoko ni tatte iru kata wa donata desu ka?

④ A ゴミ箱は ありますか。

Gomibako wa arimasu ka?

B こちら / そちら / あちら **に ございます。**

Kochira/Sochira/Achira ni gozaimasu.

⑤ フロント / 試合 **は** 3階 / 2時から **で ございます。**

Furonto wa / Shiai wa san-gai/ ni-ji kara de gozaimasu.

⑥ Mサイズ / 明日 **で よろしいですか。**

Emu-saizu/Ashita de yoroshī desu ka?

1 差し上げます
sashiagemasu

❶ 10,000 円以上　買った　方には　プレゼントを　差し上げます。
えん　い じょう　　　か　　　　かた　　　　　　　　　　　　　　さ　あ
Ichiman-en ijō katta kata niwa purezento o sashiagemasu

❷ 変更が　ある　場合は、ご連絡差し上げます。
へんこう　　　　ば あい　　　　れんらく さ　あ
Henkō ga aru bāi wa, go-renraku sashiagemasu.

2 いただきます
itadakimasu

❶ この　本は　田中先生に　いただきました。
ほん　た なかせんせい
Kono hon wa, Tanaka-sensē ni itadakimashita.

❷ A　コーヒー、いかがですか。
Kōhī, ikaga desu ka?

　B　いただきます。
Itadakimasu.

3 くださいます
kudasaimasu

❶ 部長は　いつも　お土産を　くださいます。
ぶ ちょう　　　　　　　み や げ
Buchō wa itsumo o-miyage o kudasaimasu.

❷ 先生が　日本語の　本を　くださいました。
せんせい　　に ほん ご　　ほん
Sensē ga nihongo no hon o kudasaimashita.

4 やります
yarimasu

❶ 猫に　えさを　やります。
ねこ
Neko ni esa o yarimasu.

❷ 弟に　服を　やりました。
おとうと　ふく
Otōto ni fuku o yarimashita.

5 ～でしょう？ [確認]
deshō? かくにん

❶ A キムさんは 学生でしょう？
がくせい
Kimu-san wa gakusē deshō?

B はい、そうです。
Hai, sō desu.

❷ A 明日の パーティー、ポールさんも 来るでしょう？
あした く
Ashita no pātī, Pōru-san mo kuru deshō?

B はい。行きます。
い
Hai. Ikimasu.

れんしゅうしましょう
Let's practice

1 ていねいな 形を 書いてください。 Tēnē na katachi o kaite kudasai.
かたち か

あげます agemasu	れい）　さしあげます Rē)　　sashiagemasu	だれ dare	
もらいます moraimasu		どう dō	
くれます kuremasu		名前 namae	
これ kore		電話 denwa	
それ sore		結婚 kekkon	
あれ are		連絡 renraku	
あります arimasu		いい ī	
です desu		～さん san	

2 □から ことばを えらんで、ただしい 形に して 入れて ください。

□kara kotoba o erande, tadashī katachi ni shite irete kudasai.

れい）A （　おさいふ　）を　落としましたよ。

Re) 　　　　　O-saifu 　　　　 o otoshimashita yo.

　　　B　あっ、ありがとう　ございます。

　　　　　Att, arigatō gozaimasu.

① A　これ、京都の（　　　　　　）です。どうぞ。

　　　Kore, Kyōto no 　　　　　　　 desu. 　Dōzo.

　　B　抹茶の　お菓子ですか。おいしそうですね。

　　　Maccha no o-kashi desu ka? 　Oishi sō desu ne.

② A　いつまでに（　　　　）したら　いいですか。

　　　Itsumade ni 　　　　　 shitara ī desu ka?

　　B　あさってまでに　おねがいします。

　　　Asatte made ni onegai-shimasu.

③ A　この　ケーキ、私が　作ったんです。（　　　　　）いかがですか。

　　　Kono kēki, watashi ga tsukutta n desu. 　　　　　 ikaga desu ka?

　　B　すごいですね。いただきます。

　　　Sugoidesu ne. 　Itadakimasu.

④ A　（　　　　　）ありがとう　ございます。

　　　　　　　 arigatō gozaimasu.

　　　ふじ電気で　ございます。

　　　Fuji denki de gozaimasu.

　　B　私、青木と　申しますが、山中部長を　お願いします。

　　　Watakushi, Aoki to mōshimasu ga, Yamanaka buchō o onegai-shimasu.

さいふ	電話	おみやげ	ひとつ	連絡
saifu	denwa	o-miyage	hitotsu	renraku

3 □から ことばを えらんで、ただしい 形_(かたち)に して 入_(い)れて ください。

□ kara kotoba o erande, tadashī katachi ni shite irete kudasai.

れい) 詳_(くわ)しい　ことは、メールを　（　ご確認_(かくにん)　）ください。

Rē)　Kuwashī kotowa, mēru o　　　　　　　go-kakunin　kudasai.

① 本日_(ほんじつ)は（　　　　　　）いただき、ありがとうございます。

Honjitsu wa　　　　　　itadaki, arigatō gozaimasu.

② ちょっと 先生_(せんせい)に（　　　　　　）して　きます。

Chotto sensē ni　　　　　　shite kimasu.

③ 田中_(たなか)さんを　パーティーに（　　　　　　）します。

Tanaka-san o pātī ni　　　　　　shimasu.

④ この　電話番号_(でんわばんごう)に（　　　　　　）を　お願_(ねが)いします。

Kono denwabangō ni　　　　　　o onegai-shimasu.

確認_(かくにん)	連絡_(れんらく)	出席_(しゅっせき)	挨拶_(あいさつ)	招待_(しょうたい)
kakunin	renraku	shusseki	aisatsu	shōtai

4 ことばを 入_(い)れて ください。　Kotoba o irete kudasai.

れい　お客様_(きゃくさま)が　たくさん　来_(き)て（　くださいました　）。

Rē)　O-kyaku-sama ga takusan kite　　　　　kudasaimashita.

① 部長_(ぶちょう)から　沖縄_(おきなわ)の　お土産_(みやげ)を（　　　　　　）。

Buchō kara Okinawa no o-miyage o

② 3つ　買_(か)った　方_(かた)には、もう　1つ（　　　　　　）。

Mittsu katta kata niwa, mō hitotsu

③ 田中先生_(たなかせんせい)が　家_(いえ)に　招待_(しょうたい)して（　　　　　　）。

Tanaka sensē ga ie ni shōtai-shite

④ 今_(いま)から　青木_(あおき)さんに　説明_(せつめい)して（　　　　　　）。

Ima kara Aoki-san ni setsumē-shite

5 ことばを 入れて ください。　Kotoba o irete kudasai.

れい　A　昨日の　テスト、（　簡単だった　）でしょう？
Re）　　　　Kinō no tesuto,　　　kantan datta　　　deshō?

　　　B　はい。全部　できました。
　　　　　Hai.　Zenbu dekimashita.

① A　グエンさんは　今日も（　　　　　）でしょう？
　　　Guen-san wa kyō mo　　　　　　　　deshō?

　　B　はい。今、国に　帰って　います。
　　　Hai. Ima, kuni ni kaette imasu.

② A　もうすぐ（　　　　　）でしょう？
　　　Mōsugu　　　　　deshō?

　　B　いいえ。まだ　仕事が　終わらないので。
　　　Īe.　　　Mada shigoto ga owaranai node.

③ A　土曜日は　いかがですか。仕事、お（　　　　　　）でしょう？
　　　Doyōbi wa ikaga desu ka?　Shigoto, o　　　　　deshō?

　　B　ええ。じゃ、土曜日に　しましょう。
　　　Ē.　　Ja, doyōbi ni shimashō.

④ A　ワンさんは　（　　　　　）でしょう？
　　　Wan-san wa　　　　　deshō?

　　B　いいえ。ワンさんは　男性ですよ。
　　　Īe.　　Wan-san wa dansē desu yo.

13

❶

グエン	あのう、これより 小さい サイズは ありますか。
店員	はい、Ｓサイズが あったと 思います。・・・あ、こちらで ございます。
グエン	着て みても いいですか。
店員	もちろんでございます。・・・いかがでしょうか。
グエン	ピッタリです。じゃ、これに します。

Guen Anō, kore yori chīsai saizu wa arimasu ka?

Te-in Hai, esu-saizu ga atta to omoimasu. …A, kochira de gozaimasu.

Guen Kite mite mo ī desu ka?

Te-in Mochiron degozaimasu. … Ikaga deshō ka?

Guen Pittari desu. Ja, kore ni shimasu.

❷

アリ	先生、お荷物は ほかに ございますか。
先生	いえ、それ だけで いいです。
アリ	わかりました。どちらに 置けば いいですか。
先生	ああ……そこの 棚の 前に 置いて もらえますか。
アリ	こちらで よろしいですか。
先生	ええ、結構ですよ。どうも、ありがとう。

Ari Sensē, o-nimotsu wa hoka ni gozaimasu ka?

Sensē Ie, sore dake de ī desu.

Ari Wakarimashita. Dochira ni okeba ī desu ka?

Sensē Ā… … soko no tana no mae ni oite moraemasu ka?

Ari Kochira de yoroshī desu ka?

Sensē Ē, kekkō desu yo. Dōmo arigatō.

あたらしい ことば
New words and expressions

営業部 えいぎょう ぶ	ēgyō-bu	sales division	phòng kinh doanh
かしこまりました	kashikomarimashita	The honorific form of「わかりました」.	cách nói kính ngữ của「わかりました」
ぴったり	pittari	For the size or content of something to be just right.	độ lớn hay nội dung vừa khớp
都合 つ ごう	tsugō	convenience	điều kiện (thời gian)
参加します さん か	sanka-shimasu	participate	tham gia
フロント［ホテル］	furonto [hoteru]	front desk [hotel]	lễ tân (khách sạn)
Mサイズ	emu-saizu	medium size	cỡ M
えさ	esa	feed	thức ăn (con vật)
まっ茶 ちゃ	maccha	matcha (powdered green tea)	matcha
説明します せつめい	setsumē-shimasu	explain	giải thích
男性 だんせい	dansē	male	nam giới

Unit
4

こちらに どうぞ
Kochira ni dōzo

ふくしゅうノート ✏️

Review Notes　Sổ tay ôn tập

■ お（ご）〜

An expression used at the start of nouns and more to show politeness regardless of the speaker or person being spoken to.

Example 1:　<u>お皿</u>は　ここに　入れてください。(Please put the plate here.)

Example 2:　<u>ご家族</u>は　何人ですか。(How many people are in your family?)

Example 3:　今晩、<u>お電話</u>して　いいですか。(May I call you on the telephone tonight?)

....

■ お（ご）〜

Cách nói thể hiện sự lịch sự thêm vào đằng trước danh từ, bất kể mối quan hệ giữa người nói với người nghe là gì.

Ví dụ 1:　<u>お皿</u>は　ここに　入れてください。(Hãy cho đĩa vào đây.)

Ví dụ 2:　<u>ご家族</u>は　何人ですか。(Gia đình chị có mấy người?)

Ví dụ 3:　今晩、<u>お電話</u>して　いいですか。(Tối nay tôi gọi điện có được không?)

■ お（ご）〜

話し手か聞き手かは関係なく、名詞などの語頭に付いて丁寧さを表す表現です。

れい1）<u>お皿</u>はここに入れてください。

れい2）<u>ご家族</u>は何人ですか。

れい3）今晩、<u>お電話</u>していいですか。

Unit 5

ここを 押せば いいですよ

Koko o oseba ī desu yo

You just need to press here

Ấn chỗ này là được

🔑 **キーワード**
Keywords

~ば［仮定］	~なら［仮定］	~なら［助言］
~ba	~nara	~nara
~ことに する	~ことに なる	~とおりに
~koto ni suru	~koto ni naru	~tōri ni

61

 **かいわ・1**
Dialogue

14

ポール　あれ？　テレビが　つかない。

グエン　ここを　押せば　つきますよ。

Pōru　Are? Terebi ga Tsukanai.

Guen　Koko o oseba tsukimasu yo.

かいわ・2
Dialogue

A　すみません。コピー機が　使えないんですが・・・。

B　そのコピー機は　パスワードを　入れなければ、使えませんよ。

A　Sumimasen. Kopī-ki ga tsukaenai n desuga…．

B　Sono kopī-ki wa pasuwādo o irenakereba, tsukaemasen yo.

かいわ・3
Dialogue

店員　この　マンションは　どうですか。

キム　もっと　駅から　近ければ　いいんですが、ここは　少し　遠いですね。

Te-in　Kono manshon wa dō desu ka?

Kimu　Motto eki kara chikakereba ī n desu ga, koko wa sukoshi tōi desu ne.

かいわ・4
Dialogue

ワン　新しくできた　喫茶店に　行きませんか。

キム　そんなに　遠くなければ　いいですよ。

Wan　Atarashiku dekita kissaten ni ikimasen ka?

Kimu　Sonnani tōku nakereba ī desu yo.

💬 かいわ・5
Dialogue

青木 明日、ひまなら、一緒に　お祭りに　行きませんか。
あおき　あした

マイカ　ああ、いいですね。行きます。
い

Aoki　　Ashita, himanara, issho ni o-matsuri ni ikimasen ka?

Maika　Ā, ī desu ne. Ikimasu.

💬 かいわ・6
Dialogue

アリ　　京都の　お土産は　何が　有名ですか。
きょうと　みやげ　なに　ゆうめい

さくら　京都の　お土産なら、抹茶の　お菓子が　有名ですよ。
きょうと　みやげ　まっちゃ　おかし　ゆうめい

Ari　　　Kyōto no o-miyage wa nani ga yūmē desu ka?

Sakura　Kyōto no o-miyage nara, maccha no o-kashi ga yūmē desu yo.

Unit
5

ここを　押せば　いいですよ
Koko o oseba ī desu yo.

言ってみましょう Say Try
い

① | これを　読めば
店長に　聞けば |、わかります。
てんちょう　き

Kore o yomeba / Tenchō ni kikeba, wakarimasu.

② | お金が　あれば
安ければ |、買います。
かね　やす　か

O-kane ga areba / Yasukereba, kaimasu.

③ | きっぷを　買わなければ
かぎが　なければ |、入れません。
か　はい

Kippu o kawanakereba / Kagi ga nakereba, hairemasen.

④ 天気が、| よければ
よく なければ | | 出かけます
家に います |。
てんき　で　いえ

Tenki ga yokereba / yoku nakereba, dekakemasu / ie ni imasu.

⑤ 部屋が | きれいなら
きれいじゃない | なら、そうじ | しなく ても いいです
しなければなりません |。
へや

Heya ga kirē/ kirē ja nai nara, sōji shinaku temo ī desu / shinakereba narimasen.

63

⑥ 明日、 | 休み
休みじゃ ない | なら、 | 行きましょう
ほかの 日に 行きましょう |。

Ashita, <u>yasumi / yasumi ja nai</u> nara, <u>ikimashō / hokano hi ni ikimashō</u>.

⑦ | 北海道
おすしを 食べ | に 行くなら、 | 6月
「ふじ寿司」 | が いいです。

<u>Hokkaidō / O-sushi o tabe</u> ni iku nara, <u>roku-gatsu/ "Fuji zushi"</u> ga ī desu.

ステップアップ！ Step Up (15)

1 ～ことに する
koto ni suru

❶ 明日は 仕事を 休む ことに します。
Ashita wa shigoto o yasumu koto ni shimasu.

❷ 3月末で 会社を やめる ことに しました。
San-gatsu matsu de kaisha o yameru koto ni shimashita.

2 ～ことに なる
koto ni naru

❶ これ 以上 休むと、退学する ことに なりますよ。
Kore ijō yasumu to, taigaku-suru koto ni narimasu yo.

❷ 来年 結婚する ことに なりました。
Rainen kekkon-suru koto ni narimashita.

3 ～通りに
tōri ni

❶ この 本に 書いてある 通りに 作りました。
Kono hon ni kaite aru tōri ni tsukurimashita.

❷ 説明の 通りに して ください。
Setsumē no tōri ni shite kudasai.

Let's practice

1 どうしの 仮定形 (conditional form / thể giả định) を 書いて ください。
かていけい   か

Dōshi no katē-kē o kaite kudasai.

1	聞きます き kikimasu	れい) 聞けば き Rē) kikeba	れい) 聞かなければ き Rē) kikanakereba
2	行きます い ikimasu		
3	押します お oshimasu		
4	降ります お orimasu		
5	あります arimasu		
6	入れます い iremasu		
7	調べます しら shirabemasu		
8	晴れます は haremasu		
9	します shimasu		
10	来ます き kimasu		

2 どうしの 仮定形 (conditional form ／ thể giả định) を 書いて ください。

Dōshi no katē-kē o kaite kudasai.

		れい）暑ければ	れい）暑くなければ
1	暑い あつ atsui	Rē) atsukereba	Rē) atsukunakereba
2	寒い さむ samui		
3	悪い わる warui		
4	いい ī		
5	ひま hima		
6	簡単 かんたん kantan		
7	休み やす yasumi		
8	学生 がくせい gakusē		

3 形を 変えて ください。　Katachi o kaete kudasai.

れい） この ボタンを（押します→ 押せば） 電気が つきます。

Re） Kono botan o (oshimasu → oseba) denki ga tsukimasu.

① 時間が（あります→　　　　　　　）、温泉に 行きたいです。
Jikan ga (arimasu →　　) onsen ni ikitai desu.

② インターネットで（調べます→　　　　　　　）、すぐに わかります。
Intānetto de (shirabemasu →　　) sugu ni wakarimasu.

③ わからないことは、あおきさんに（聞きます→　　　　　　　）、教えてくれます。
Wakaranai koto wa, Aoki-san ni (kikimasu →　　) oshiete kuremasu.

④ （寝ます→　　　　　　　）、治ると 思います。
(Nemasu →　　) naoru to omoimasu.

4 形を 変えて ください。　Katachi o kaete kudasai.

れい１）（暑い→ 暑ければ）、エアコンを 付けて ください。
Re 1）　（Atsui → Atsukereba）, eakon o tsukete kudasai.

れい２）駅から（近い→ 近く なければ）、お客さんは 来ません。
Re 2）　Eki kara (chikai → chikaku nakereba), o-kyaku-san wa kimasen.

① 話すのが（速い→　　　　　　　）、言って ください。ゆっくり 話します。
Hanasu no ga (hayai →　　) itte kudasai. Yukkuri hanashimasu.

② （安く→　　　　　　　）、買いません。
(Yasuku →　　) kaimasen.

③ 天気が（いい→　　　　　　　）、洗濯を します。
(Tenki ga ī →　　) sentaku o shimasu.

④ （おいしい →　　　　　　　）、売れません。
(Oishī →　　) uremasen.

67

5 形を 変えて ください。 Katachi o kaete kudasai.

れい) A すみません。私は 辛いものが 苦手なんです。
Rē) Sumimasen. Watashi wa karai mono ga nigate na n desu.

B 辛い ものが （苦手です→ 苦手なら）、辛くない 料理を
頼みましょう。
Karai mono ga (nigate desu → nigate nara) karaku nai ryōri o tanomimashō.

① A 土曜日 （ひまです→   ） 映画を 見に 行かない？
Doyō-bi (hima desu →   ) ēga o mi ni ikanai?

B ごめん。土曜日は 予定が あるの。
Gomen. Doyōbi wa yotē ga aru no.

② A あの 方は 新聞記者です。
Ano kata wa shinbun-kisha desu.

B （新聞記者です→   ）、社会の ことを よく 知って いますね。
(Shinbun-kisha desu →   ) shakai no koto o yoku shitte imasu ne.

③ A 資料は、今日は できないと 思います。
Shiryō wa, kyō wa dekinai to omoimasu.

B そうですか。今日が （無理です→   ）、明日の お昼でも
いいですよ。
Sō desu ka. Kyō ga (muridesu →   ) ashita no o-hiru demo ī desu yo.

④ A 明日も いい 天気の ようですね。
Ashita mo ī tenki no yō desu ne.

B （いい 天気です→   ）、ドライブに 行きたいです。
(Ī tenki desu →   ) doraibu ni ikitai desu.

6 ことばを 入れて ください。　*Kotoba o irete kudasai.*

れい） A　市民公園へは　どうやって　行ったら　いいですか。
Rē)　　　*Shimin kōen ewa dōyatte ittara ī desu ka?*

　　　 B　市民公園へ　行くなら、<u>バスが　便利ですよ</u>。
　　　　　Shimin kōen e iku nara,　　　　*basu ga benri desu yo.*

① A　ドライヤーを　買おうと　思って　いるんですが……。
　　　Doraiyā o kaō to omotte iru n desu ga….

　 B　ドライヤーなら、_____。
　　　Doraiyā nara,

② A　昨日から　歯が　痛いんです。いい　歯医者さんを　知りませんか。
　　　Kinō kara ha ga itai n desu. Ī haisha-san o shirimasen ka?

　 B　歯医者なら、_____。
　　　Haisha nara,

③ A　おいしい　ケーキ屋を　探して　いるんですが、知って　いますか。
　　　Oishī kēki-ya o sagashite iru n desu ga, shitte imasu ka?

　 B　ケーキなら、_____。
　　　Kēki nara,

④ A　この　近くに　いい　クリーニング屋は　ありませんか。
　　　Kono chikaku ni ī kurīningu-ya wa arimasen ka?

　 B　クリーニング店なら、_____。
　　　Kurīningu-ten nara,

69

16

① ワン　４月に　沖縄に　行くことに　しました。

さくら　いいですね。沖縄に　行くなら「ちゅら海水族館」に行くと
　　　　いいですよ。

ワン　　こんでいますか。

さくら　そうですね。午前中に　行けば、こんで　いないと　思いますよ。

ワン　　４月でも　海で　泳げますか。

さくら　はい。天気が　よければ　もう　泳げますよ。

Wan　　　Shi-gatsu ni Okinawa ni iku koto ni shimashita.

Sakura　Ī desu ne. Okinawa ni iku nara, "Chura umi suizokukan" ni ikuto ī desu yo.

Wan　　　Konde imasu ka?

Sakura　Sō desu ne. Gozen-chū ni ikeba, konde inai to omoimasu yo.

Wan　　　Shi-gatsu demo umi de oyogemasu ka?

Sakura　Hai. Tenki ga yokereba mō oyogemasu yo.

② A　　どうしたんですか。

B　　コピー機が　止まって　しまいました。

A　　この　説明の　通りに　ボタンを　押せば、動きますよ。

B　　わかりました。やって　みます。

A　　もし、それでも　動かなければ、ここの　会社に　電話を　して
　　　ください。

B　　わかりました。

A　　Dō shita n desu ka?

B　　Kopī-ki ga tomatte shimaimashita.

A　　Kono setsumē no tōri ni botan o oseba, ugokimasu yo.

B　　Wakarimashita. Yatte mimasu.

A　　Moshi, soredemo ugokanakereba, koko no kaisha ni denwa o shite
　　　kudasai.

B　　Wakarimashita.

あたらしい ことば
New words and expressions

パスワード	pasuwādo	password	mật khẩu
マンション	manshon	apartment	nhà chung cư
退学します	taigaku-shimasu	leave school	thôi học
晴れます	haremasu	to be sunny out	trời nắng
売れます	uremasu	sell	bán chạy
新聞記者	shinbun-kisha	newspaper reporter	nhà báo
無理な	muri na	impossible	quá sức, không được
ドライブ	doraibu	drive	lái ô tô đi chơi
市民	shimin	citizen	người dân
ドライヤー	doraiyā	dryer	máy sấy
歯医者	haisha	dentist	nha sĩ
クリーニング屋	kurīningu-ya	cleaner's	tiệm giặt là
水族館	suizokukan	aquarium	thủy cung

Unit
5
ここを 押せば いいですよ
Koko o oseba ī desu yo.

ふくしゅうノート
Review Notes **Sổ tay ôn tập**

■ ～ば [Hypothetical]

An expression that indicates that the following will absolutely happen if the preceding part comes true.

　　Example 1:　この <u>本を 読めば</u>、作り方が わかります。(If you read this book, you will understand how to make it.)
　　Example 2:　<u>寝れば</u>、すぐ よく なると 思います。(If you sleep, it should get better right away.)

■ ～なら [Hypothetical]

An expression that explains that takes the preceding part as a conditional hypothesis and states that its result will be what follows it.

　　Example 1:　あなたが <u>行くなら</u>、私も 行きます。(If you will go, I will go too.)
　　Example 2:　<u>1000円なら</u>、買います。(If it is 1,000 yen, I will buy it.)

- -

■ ～ば [Giả định]

Cách nói thể hiện nếu nội dung ở vế trước thực tế xảy ra thì chắc chắn nội dung ở vế sau cũng xảy ra.

　　Ví dụ 1:　この <u>本を 読めば</u>、作り方が わかります。(Nếu đọc quyển sách này sẽ hiểu cách làm.)
　　Ví dụ 2:　<u>寝れば</u>、すぐ よく なると 思います。(Nếu ngủ sẽ mau khỏi.)

■ ～なら [Giả định]

Cách nói giả định một điều kiện ở vế trước và kết quả ở vế sau.

　　Ví dụ 1:　あなたが <u>行くなら</u>、私も 行きます。(Nếu cậu đi thì tớ cũng đi.)
　　Ví dụ 2:　<u>1000円なら</u>、買います。(Nếu 1000 thì tôi mua.)

■ ～ば ［仮定］

前の文の内容が実際に起きれば、必ず後の文の内容になることを表す表現です。

　　れい1）この<u>本を読めば</u>、作り方がわかります。
　　れい2）<u>寝れば</u>、すぐよくなると思います。

■ ～なら ［仮定］

前の文で、ある条件を仮定して、後の文でその結果を述べる表現です。

　　れい1）あなたが<u>行くなら</u>、私も行きます。
　　れい2）<u>1000円なら</u>、買います。

Unit 6

どう やって 行くか、わかりますか
Dō yatte iku ka, wakarimasu ka?

Do you know how to get there?

Anh có biết đi như thế nào không?

🔑 **キーワード**
Keywords

［文］＋か ぶん ka	［疑問詞］＋〜か ぎもんし 〜ka	〜か どうか 〜ka dōka	
何と なん nan to	何て なん nan te	〜って 〜tte	〜ば 〜ほど 〜ba 〜hodo

 かいわ・1
Dialogue

17

グエン　これで　いいか、先生に　聞いて　みましょう。

友だち　そうですね。

Guen　　　Korede īka, sensē ni kīte mimashō.

Tomodachi　Sō desu ne.

かいわ・2
Dialogue

アリ　　試合が　いつ　始まるか、知って　いますか。

さくら　いいえ、知りません。

Ari　　　Shiai ga itsu hajimaruka, shitte imasu ka?

Sakura　Īe, shirimasen.

かいわ・3
Dialogue

さくら　プレゼント、何を　買うか、もう　決めた？

友だち　ううん、まだ。

Sakura　Purezento, nani o kau ka, mō kimeta?

Tomodachi　Uun, mada.

かいわ・4
Dialogue

キム　　美術館まで　どうやって　行くか、わかりますか。

アリ　　ごめんなさい。わからないです。

Kimu　Bijutsukan made dōyatte ikuka, wakarimasu ka?

Ari　　Gomennasai. Wakaranai desu.

かいわ・5
Dialogue

ワン　　あの　人が　だれだか、知って　いますか。
　　　　　　 ひと　　　　　　　　　 し

さくら　ええ。緑山大学の　森先生です。
　　　　　　　　みどりやまだいがく　　もりせんせい

Wan　　　Ano hito ga dare daka, shitte imasu ka?
Sakura　Ē. Midoriyama daigaku no Mori-sensē desu.

かいわ・6
Dialogue

さくら　メモに　何と　書いて　ありますか。
　　　　　　　　 なん　 か

ワン　　「先に　行きます」と　書いて　あります。
　　　　　 さき　 い　　　　　　 か

Sakura　Memo ni nan to kaite arimasu ka?
Wan　　　「Saki ni ikimasu」to kaite ari masu.

❶ うまく 話せるか
明日、雨が 降らないか、心配です。

Umaku hanaseruka / Ashita, ame ga furanaika, shinpai desu.

❷ お店が どこに あるか
受付が 何時からか、知って いますか。
誰が 出席するか

O-mise ga doko ni aruka / Uketsuke ga nan-ji karaka / Dare ga shusseki suruka,
shitte imasu ka?

❸ どういう 意味か
(彼が) 何を 言って いるか、よく わかりません。
どうして 間違えたか

Dōyū imi ka / (Kare ga) nani o itte iruka / Dōshite machigaetaka,
yoku wakarimasen.

❹ どこに 行くか
どれに するか、まだ 決めて いません。
いくつ 買うか

Doko ni ikuka / Dore ni suruka / Ikutsu kauka, mada kimete imasen.

❺ 値段が いくらか
場所が どこか、書いて いない。

Nedan ga ikuraka / Basho ga dokoka, kaite inai.

❻ この 字
名前 は 何と 読みます か。
言います

Kono ji / Namae wa nan to yomimasu / ī masu ka?

76

🎧 18

1 ～か どうか
ka dō ka

❶ ネットに 書いて ある ことは、本当か どうか、わからないから、
気を つけた ほうが いい。

Netto ni kaite aru koto wa, hontōka dōka, wakaranai kara kio tsuketa hō ga ī.

❷ 開いて いるか どうか、わからないけど、今から 本屋さんに 行きます。

Aite iruka dōka, wakaranai kedo, imakara hon-ya-san ni ikimasu.

❸ A へー、この ケーキ、自分で 作ったの？ すごい。

Hē, kono kēki, jibun de tsukutta no? Sugoi.

B おいしいか どうか、わからないよ。

Oishīka dōka, wakaranai yo.

2 ～って
tte

❶ 何人かに 聞いたけど、みんな、知らないって 言ってた。

Nan-nin ka ni kīta kedo, minna shiranai tte itte ta.

❷ あの 絵を 見た とき、本当に すごいって 思いました。

Ano e o mita toki, hontō ni sugoitte omoimashita.

❸ 田中さんが 一緒に お昼に 行こうって 言って くれました。

Tanaka-san ga issho ni o-hiru ni ikōtte itte kuremashita.

❹ A あのう、森さんが パソコンに 詳しいって 聞いたんです。

Anō, Mori-san ga pasokon ni kuwashītte kīta n desu.

ちょっと 聞いて いいですか。

Chotto kīte ī desu ka?

B そうですか。いいですよ。

Sō desu ka. Ī desu yo.

Unit 6
どう やって 行くか、わかりますか
Dō yatte iku ka, wakarimasu ka?

3 何て (＝何と、何という)
nante

❶ A 彼女に　何て　言ったんですか。
Kanojo ni nan te itta n desu ka?

B 「ごめんなさい」って　言いました。
"Gomennasai" tte ī mashita.

❷ A ワンさんは　その　質問に　何て　答えたんですか。
Wan-san wa sono shitsumon ni nan te kotaeta n desu ka?

B 「問題ありません」と　答えました。
"Mondai arimasen" to kotae mashita.

❸ A これは　何て　意味ですか。
Kore wa nan te imi desu ka?

B 「いつも　ありがとうございます」と　いう　意味です。
「Itsumo arigatō gozaimasu」to yū imi desu.

❹ A メールには　何て　書いて　あったんですか。
Mēru niwa nan te kaite atta n desu ka?

B 今は　忙しいから　だめだって。
Ima wa isogashī kara dameda tte.

1 文を 作って ください。　Bun o tsukutte kudasai.
ぶん　つく

れい）　あの　店の　パン／おいしいです／知りたいです
　　　　　　みせ　　　　　　　　　　　　　　　　　　し

Re ）　Ano mise no pan / oishī desu / shiritai desu

　　→　あの　店の　パンが　おいしいか、知りたいです。
　　　　　　　みせ　　　　　　　　　　　　　　　　し
　　　Ano mise no pan ga oishīka, shiritai desu.

① 席／空いて います／心配です
　 せき　あ　　　　　　しんぱい
　 Seki / aite i masu / shinpai desu

　 →　_____ 。

② この 漢字／正しいです／見て ください
　　　　かんじ　ただ　　　　　み
　 Kono kanji / tadashī desu / mite kudasai

　 →　_____ 。

③ M サイズ／いいです／着て みます
　　　　　　　　　　　　き
　 Emu-saizu / ī desu / kite mimasu.

　 →　_____ 。

④ 機械／こわれて いないです／調べます
　 きかい　　　　　　　　　　　しら
　 Kikai / kowarete inai desu / shirabemasu.

　 →　_____ 。

2 文を 作って ください。　Bun o tsukutte kudasai.

れい）　何に しますか／決めましたか　→　何に するか、決めましたか。
Re)　　Nani ni shimasu ka / kimemashita ka　　Nani ni suru ka, kimemashita ka?

① いつ／行きます／考えます
Itsu / ikimasu / kangaemasu

→ _____。

② どこが／いいです／教えて ください
Doko ga / ī desu / oshiete kudasai

→ _____。

③ 彼が だれと／会います／知りたいです
Kare ga dare to / aimasu / shiritai desu

→ _____。

④ どうやって／使います／わかりません
Dōyatte / tsukaimasu / wakarimasen

→ _____。

3 文を 作って ください。　Bun o tsukutte kudasai.

れい）　この 動物の 名前／何／言います
Re)　　Kono dōbutsu no namae / nan / ī masu

→ この 動物の 名前は、何と 言いますか。
Kono dōbutsu no namae wa, nan to ī masu ka?

① この 漢字／何／読みます
Kono kanji / nan / yomimasu

→ _____。

80

② その 紙／何／書いて あります
かみ　なん　か
Sono kami / nan / kaite arimasu

→ _____ 。

③ あの 看板／何／読みます
かんばん　なん　よ
Ano kanban / nan / yomimasu

→ _____ 。

④ その ラーメン屋さん／何／言います
や　なん　い
Sono rāmen-ya-san / nan / īmasu

→ _____ 。

4 □から ことばを えらんで、ただしい 形に して 入れて ください。
かたち　　い
□ kara kotoba o erande, tadashī katachi ni shite irete kudasai.

れい) 夏休みは 国へ 帰るか どうか、まだ 決めて いません。
なつやす　くに　かえ　　　　　　き
Re　Natsu-yasumi wa kuni e kaeruka dōka,　　mada kimete imasen.

① 林さんの 話は _____、わかりません。
はやし　はなし
Hayashi-san no hanashi wa　　　　　　　wakarimasen.

② メールを 送る 前に、間違いが _____、
おく　まえ　まちが
Mēru o okuru mae ni, machigai ga

もう 一度 見ます。
いちど　み
mō ichido mimasu.

③ 5時までに 仕事が _____、わかりません。
じ　しごと
Go-ji made ni shigoto ga　　　　　　　wakarimasen.

④ N4の 試験に、_____ 心配です。
しけん　　　　　　　　　　　　しんぱい
Enu-yon no shiken ni　　　　　　　sinpai desu.

帰ります	合格できます	終わります	ありません	本当です
かえ	ごうかく	お		ほんとう
kaerimasu	gōkaku-dekimasu	owarimasu	arimasen	hontō desu

5 文を 作って ください。　Bun o tsukutte kudasai.

れい)　午後は 雨です／天気予報で 言って いました
Rê)　Gogo wa ame desu / tenki-yohō de itte imashita.

→ 午後は　雨だって、天気予報で　言って　いました。
Gogo wa ame da tte, tenki-yohō de itte imashita.

① あの 人は いつも 忙しいです／言って います
ano hito wa itsumo isogashī desu / itte imasu

→ _____ 。

② A　あれ、田中さんは？
Are, Tanaka-san wa?

B　今日は 来られません／連絡が ありました
Kyō wa koraremasen / renraku ga arimashita

→ _____ 。

③ 森さんと 田中さんが 結婚します／聞きました
Mori-san to Tanaka-san ga kekkon shimasu / kikimashita

→ _____ 。

④ 松本さんは 明日も 仕事です／言って いました
Matsumoto-san wa ashita mo shigoto desu / itte i mashi ta

→ _____ 。

① 〈牛丼店で Gyūdonten de〉

マイカ　えーと、これが　牛丼ですね。

青木　　そうです。

マイカ　えーと、この　字は　何て　読むんですか。

青木　　ああ、それは　「なみ」です。普通という　意味です。

マイカ　なるほど。わかりました。メニューが　たくさん　ありますね。

　　　　うーん……。

青木　　どれに　するか、決まりましたか。

マイカ　はい。この　牛丼の　並に　します。

Maika　Ēto, kore ga gyū-don desu ne?

Aoki　Sō desu.

Maika　Ēto, kono ji wa nan te yomu n desu ka?

Aoki　Ā, sore wa "nami" desu. Futsū to yū imi desu.

Maika　Naruhodo. Wakarimashita. Menyū ga takusan arimasu ne. Ūn……．

Aoki　Dore ni suruka, kimarimashita ka?

Maika　Hai. Kono gyū-don no nami ni shimasu.

② ポール　今度の　パーティー、どこで　やるか、早く　決めないと。

マリア　うん。あと、誰を　呼ぶかも、もう　一度　しっかり　確認しましょう。

ポール　そうだね。校長先生は　どう　する？　すごく　忙しそうだよ。

マリア　うーん……。来て　くれるか　どうか、わからないけど、招待

　　　　しましょうよ。

ポール　そうだね。じゃ、明日、お店を　決めて、すぐに　案内の　メー

　　　　ルを　送ろう。

Pōru　Kondo no pātī, dokode yaruka, hayaku kimenai to.

Maria　Un. Ato, dare o yobuka mo, mō ichido shikkari kakunin-shimashō.

Pōru　Sō dane. Kōchō-sensē wa dō suru? Sugoku isogashi sō da yo.

Maria　Ūn……. Kite kureruka dōka, wakaranai kedo shōtai shimashō yo.

Pōru　Sō dane. Ja, ashita o-mise o kimete, sugu ni annai no mēru o okurō.

あたらしい ことば
New words and expressions

決めます き	kimemasu	decide	quyết định
詳しい くわ	kuwashī	detailed	chi tiết
看板 かんばん	kanban	sign	biển hiệu
牛丼 ぎゅうどん	gyūdon	beef bowl	cơm thịt bò
並 なみ	nami	regular	cỡ vừa phải
呼びます よ	yobimasu	call over	gọi

■ 〜か〜

An expression that indicates a question inside a sentence, then describes a judgment, etc. about it.

[V、 A /NA] Regular form ＋ ka 〜
[NA、 N] Regular form 〜 <del>da</del> ＋ ka

Example 1:　事故で 電車が 止まって います。いつ 動くか、わかりません。
　　　　　　（The train is stopped due to an accident. I do not know when it might move.）

Example 2:　薬が 合って いないのか、なかなか 治らない。
　　　　　　（Maybe the medicine is not right for me, as it is not getting much better.）

■ 〜かどうか

An expression that indicates multiple possibilities, such as affirmative or negative, regarding something that has yet to be fixed.

Example 1:　行くか どうか、まだ 決めて いません。（I have not decided whether or not I'll go yet.）

Example 2:　おいしいか どうか、食べて みないと、わからない。
　　　　　　（You won't know if it tastes good or not until you eat it.）

Unit
6
Dō yatte iku ka, wakarimasu ka?
どう やって 行くか、わかりますか

・・

■ 〜か〜

Là cách nói thể hiện "nghi vấn về một vấn đề" trong câu và phán đoán về việc đó.

[V、 A /NA] thể thường ＋か〜
[NA、 N] thể thường 〜<del>だ</del>＋か

Ví dụ 1:　事故で 電車が 止まって います。いつ 動くか、わかりません。
　　　　　（Tàu điện dừng vì tai nạn. Không biết khi nào mới chạy. ）

Ví dụ 2:　薬が 合って いないのか、なかなか 治らない。（Thuốc không hợp hay sao mà mãi không khỏi. ）

■ 〜かどうか

Là cách nói thể hiện nhiều khả năng như khẳng định, phủ định về một vấn đề vẫn chưa chắc chắn rõ ràng.

Ví dụ 1:　行くか どうか、まだ 決めて いません。（Vẫn chưa quyết đi hay không. ）

Ví dụ 2:　おいしいか どうか、食べて みないと、わからない。（Không ăn thử thì không biết ngon hay không. ）

■ 〜か〜

一つの文の中で「疑問に思うこと」を示し、それについての判断などを述べる表現です。

[V、 A /NA] ふつう形＋か〜
[NA、 N] ふつう形〜<del>だ</del>＋か

れい1）事故で電車が止まっています。いつ動くか、わかりません。

れい2）薬が合っていないのか、なかなか治らない。

■ 〜かどうか

まだはっきり定まっていないことについて、肯定か否定か、など複数の可能性を示す表現。

れい1）行くかどうか、まだ決めていません。

れい2）おいしいかどうか、食べてみないと、わからない。

✳ なあ／〜かなあ
nā　ka nā

❶ 寒いなあ。エアコン、つけない？
Samuinā. Eakon, tsukenai?

❷ これ、いいけど、高いなあ。買えないよ。
Kore, ī kedo, takai nā. Kaenai yo.

❸ 今から　行って　間に　合うかなあ。
Ima kara itte ma ni au kanā.

❹ この　店、おいしいかなあ。
Kono mise, oishī kanā.

✳ 〜て ほしい
te　hoshī

❶ アリ　　もう　ちょっと　安く　なって　ほしいです。
Ari　　　　Mō chotto yasuku natte hoshī desu.

さくら　そうですね。
Sakura　Sō desu ne.

❷ アリ　　先生にも　来て　ほしいですね。
Ari　　Sensē nimo kite hoshī desu ne.

さくら　うん、ぜひ。
Sakura　Un, zehi.

❸ ポール　ここを　ゆっくり　読んで　ほしいんですが……。
Pōru　　Koko o yukkuri yonde hoshī n desu ga….

田中　　ここですね、はい。
Tanaka　Koko desu ne, hai.

❹ 青木　　何か　買って　きて　ほしい　ものは　ありますか。
Aoki　　Nanika katte kite hoshī mono wa arimasu ka?

マイカ　いえ、特に　ありません。
Maika　　Ie, toku ni arimasen.

Unit 7

この お寺は いつ 建てられたんですか

Kono o-tera wa itsu taterareta n desu ka?

When was this temple built?

Chùa này được xây từ khi nào vậy?

🔑 **キーワード**
　　Keywords

受け身
う　　み

〜から／〜で［材料］
　　　　　　　　ざいりょう
〜kara / 〜de

〜と 言われて います
　　　　い
〜to iwarete imasu

〜の まま
〜no mama

〜た まま
〜ta mama

 かいわ・1
Dialogue

さくら　面接では　どんな　ことを　聞かれましたか。

ワン　　大学で　勉強している　こととか、趣味とかです。

Sakura　Mensetsu dewa donna koto o kikaremashita ka?

Wan　　Daigaku de benkyō-shite iru koto toka, shumi toka desu.

かいわ・2
Dialogue

キム　　この　絵は　何で　かかれて　いますか。

青木　　色鉛筆だけで　かかれて　います。

キム　　へー、すごいですね。

Kimu　Kono e wa nani de kakarete imasu ka?

Aoki　Iro-enpitsu dake de kakarete imasu.

Kimu　Hē, sugoi desu ne.

かいわ・3
Dialogue

ポール　日本は　チーズが　高いですね。私の　国では　半分くらいの　値段で　売られて　いますよ。

田中　　そうですか。いいですね。

Pōru　Nihon wa chīzu ga takai desu ne. Watashi no kuni dewa hanbun kurai no nedan de urarete imasu yo.

Tanaka　Sō desu ka. Ī desu ne.

かいわ・4
Dialogue

ポール　この　お寺は　いつ　建てられたんですか。

田中　　1055年に　建てられたって　書いて　いますね。約1000年前です。

ポール　へー、そんなに　古いんですね。

Pōru　Kono o-tera wa itsu taterareta n desu ka?

Tanaka　Sen-gojū-go nen ni taterareta tte kaite imasu ne. Yaku sen-nen mae desu.

Pōru　Hē, sonna ni furui n desu ne.

 **かいわ・5**
Dialogue

さくら　満員電車は　いやですね。
　　　　まんいんでんしゃ

アリ　　ええ。今朝も、電車の　中で　誰かに　足を　踏まれました。
　　　　　　　けさ　　　でんしゃ　なか　　だれ　　あし　　ふ

Sakura　Man'in-densha wa iya desu ne.

Ari　　　Ē. kesa mo, densha no naka de dareka ni ashi o fumaremashita.

 **かいわ・6**
Dialogue

アリ　　お祭りは　いつですか。
　　　　　まつ

さくら　今年は、7月25日と　26日の　2日間で　行われます。
　　　　ことし　　がつ　にち　　にち　　かかん　おこな

Ari　　　O-matsuri wa itsu desu ka?

Sakura　Kotoshi wa, shichi-gatsu nijūgo-nichi to nijū-roku nichi no futsuka-kan de okonawaremasu.

言ってみましょう
い　　　　　　Say Try

❶ 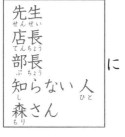 に 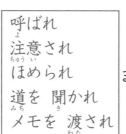 ました。

Sensē / Tenchō / Buchō / Shiranai hito /Mori-san ni

yobare / chūi-sare / homerare /michi o kikare /memo o watasare mashita.

❷
| 食べ物
た　もの
ごみ
教室の　電気
きょうしつ　でんき | は（もう） | 用意されて
よう　い
捨てられて
す
消されて
け | いました。 |

Tabemono wa / Gomi / Kyōshitsu no denki wa mō yōi sarete / suterarete/ kesarete imashi ta.

❸ 私の 国では、 が よく [食べられ / 話され / 読まれ] て います。
_{わたし} _{くに}

Watashi no kuni dewa, <u>karē / ēgo / ima, kono hon</u> ga yoku <u>taberare/ hanasare /yomare</u> te imasu.

❹ 新しい  が [建てられた / つくられた]。
_{あたら}

Atarashī <u>biru/gakkō /hōristu</u> ga <u>taterareta/tsukurareta</u> .

❺ [弟 / スリ / 誰か] に [服 / 財布 / 背中] を [汚され / 盗まれ / 押され] ました。
_{おとうと} _{だれ} _{ふく} _{さいふ} _{せなか} _{よご} _{ぬす} _お

<u>Otōto/Suri/Dareka</u> ni <u>fuku/saifu/senaka</u> o <u>yogosare/nusumare/osare</u> mashita.

❻ 明日は ここで  が 行われます。
_{あした} _{おこな}

Ashita wa kokode <u>tesuto/kekkon-shiki/shiai</u> ga okonaware masu.

ステップアップ！ Step Up 🎧22

1 〜から／〜で
kara　　de

❶ この お菓子も、お米から 作られて います。
_{かし} _{こめ} _{つく}

Kono o-kashi mo, o-kome kara tsukurarete imasu.

❷ ここに あるものは、全部 紙で 作られて います。
_{ぜんぶ} _{かみ} _{つく}

Kokoni aru mono wa, zenbu kami de tsukurarete imasu.

2 ～と 言われて います
to iwarete imasu

❶ サルは 人間に 一番 近い 動物だと 言われて いる。
Saru wa ningen ni ichiban chikai dōbutsu da to iwarete iru.

❷ お茶は 体に いいと 言われて います。
O-cha wa karada ni ī to iwarete imasu.

❸ 彼が 次の 社長に なると 言われて います。
Kare ga tsugi no shachō ni naru to iwarete imasu.

❹ 若い 小説家の 中で、彼女が 一番 人気が あると 言われて いる。
Wakai shōsetsuka no naka de, kanojo ga ichiban ninki ga aru to iwarete iru.

3 ～の まま／～た まま
no mama ta mama

❶ そのまま 何も つけないで 食べても おいしいです。
Sonomama nani mo tsukenaide tabe temo oishī desu.

❷ 久しぶりに 卒業した 小学校に 行ってみたら、昔の ままだった。
Hisashiburi ni sotsugyō-shita shōgakkō ni itte mitara, mukashino mama datta.

❸ このままでは だめだ。もっと 頑張らないと。
Kono mama dewa dame da. Motto ganbaranai to.

❹ 昨日は、めがねを かけたまま 寝て しまった。
Kinō wa, megane o kaketa mama nete shimatta.

❺ 窓を 開けた ままに して いたので、虫が 入って きた。
Mado o aketa mama ni shite ita node, mushi ga haitte kita.

❻ どうぞ、感じた ままの ことを 言って ください。
Dōzo, kanjita mama no koto o itte kudasai.

Unit 7

この お寺は いつ 建てられたんですか
Kono o-tera wa itsu taterareta n desu ka?

1 絵を 見て、文を 書いて ください。 E o mite, bun o kaite kudasai.

れい) <u>祖母に そうじを 頼まれました</u>。
Re） Sobo ni sōji o tanomaremashita.

①  部長

②  宿題提出 算数プリント

③  母

④ 森さん

① _____ 。

② _____ 。

③ _____ 。

④ _____ 。

2 形を 変えて ください。 Katachi o kaete kudasai.

れい) 来月、ここで サッカーの 大会が (行われます)。
Re） Raigetsu, koko de sakkā no taikai ga (okonawaremasu).

① 机の 上に、コーヒーが (　　　) て いました。
Tsukue no ue ni, kōhī ga 　　　　　　　　 te imashita.

② 全員に、ペンが (　　　) ました。
Zen'in ni, pen ga 　　　　　　 mashita.

③ きのう、テレビで この 商品が (　　　) たんです。
Kinō, terebi de kono shōhin ga 　　　　　　　　 ta n desu.

④ ここで、有名な 小説が (　　　) た そうですよ。
Koko de, yūmē na shōsetsu ga 　　　　　 ta sō desu yo.

行います	書きます	配ります	置きます	紹介します
okonaimasu	kakimasu	kubarimasu	okimasu	shōkai-shimasu

3 文を 作って ください。　Bun o tsukutte kudasai.

れい) えんぴつで この 絵を かきました。

Re) 　Enpitsu de kono e o kakimashita.

　→ この 絵は えんぴつで かかれました。
　　　 Kono e wa enpitsu de kakaremashita.

① 金曜に 試験を 行います。
　 Kinyō ni shiken o okonaimasu.

　→ _____ 。

② チームの リーダーを 会議で 選びました。
　 Chīmu no rīdā o kaigi de erabimashita.

　→ _____ 。

③ いろいろな 雑誌で この 店を 紹介しました。
　 Iroiro na zasshi de kono mise o shōkai-shimashita.

　→ _____ 。

④ 部長が また、私を 呼びました。
　 Buchō ga mata, watashi o yobimashita.

　→ _____ 。

4 文を 作って ください。　Bun o tsukutte kudasai.

れい) 英語／世界中で／話して います

Re) 　ēgo / sekai-jū de / hanashite imasu

　→ 英語は 世界中で 話されて います。
　　　 Ēgo wa sekai-jū de hanasarete imasu.

① この アニメ／子どもたち／愛して います
　 Kono anime / kodomotachi / aishite imasu

　→ _____ 。

この お寺は いつ 建てられたんですか
Kono o-tera wa itsu taterareta n desu ka?

Unit 7

② パソコン／いろいろな 国／輸出して います

Pasokon / iroirona kuni / yushutsu-shite imasu

→ _____ 。

③ この 小説／たくさんの 人／読んで います

Kono shōsetsu / takusan no hito / yonde imasu

→ _____ 。

④ コーヒー／世界中で／飲んで います

Kōhī / sekai-jū de / nonde imasu

→ _____ 。

5 文を 作って ください。　Bun o tsukutte kudasai.

れい）母が 私の 書類を 捨てました。
Re ）　Haha ga watashi no shorui o sutemashita.

　　　→ 母に 書類を 捨てられました。
　　　　Haha ni shorui o suteraremashita.

① 弟が 私の スマホを 見ました
Otōtō ga watashi no sumaho o mimashita.

→ _____ 。

② だれかが 私の かさを とりました。
Dareka ga watashi no kasa o torimashita.

→ _____ 。

③ 息子が 私の パソコンを こわしました。
Musuko ga watashi no pasokon o kowashimashita.

→ _____ 。

④ 姉が 私の ケーキを 食べました。
Ane ga watashi no kēki o tabemashita.

→ _____ 。

94

6 文を 作って ください。　Bun o tsukutte kudasai.

れい） 今年の 冬は 寒いです → 今年の 冬は 寒いと 言われて います。

Rē） Kotoshi no fuyu wa samui desu.　Kotoshi no fuyu wa samui to iwarete imasu.

① ここに コンビニが できます。
Koko ni konbini ga dekimasu.

→ ＿＿＿＿＿＿＿＿＿＿＿＿＿＿＿＿＿＿＿＿＿＿＿＿＿＿ 。

② この 町は 京都みたいです。
Kono machi wa Kyōto mitai desu.

→ ＿＿＿＿＿＿＿＿＿＿＿＿＿＿＿＿＿＿＿＿＿＿＿＿＿＿ 。

③ 彼は 優勝するでしょう。
Kare wa yūshō-suru deshō.

→ ＿＿＿＿＿＿＿＿＿＿＿＿＿＿＿＿＿＿＿＿＿＿＿＿＿＿ 。

④ 日本に 住む 外国人の 数が 増えます。
Nihon ni sumu gaikoku-jin no kazu ga fuemasu.

→ ＿＿＿＿＿＿＿＿＿＿＿＿＿＿＿＿＿＿＿＿＿＿＿＿＿＿ 。

Unit
7

この おてらは いつ 建てられたんですか
Kono o-tera wa itsu taterareta n desu ka?

7 形を 変えて ください。　Katachi o kaete kudasai.

れい） 電気を （ つけた ）まま、寝て しまいました。
Rē） Denki o　　tsuketa　　mama, nete shimaimashita.

① 家の 鍵を、テーブルの 上に （　　　）ままだった。
Ie no kagi o tēburu no ue ni　　　　　　mama datta.

② 手が 冷たいから、手袋を （　　）まま、スマホを 使っていました。
Te ga tsumetai kara, tebukuro o　　　　mama, sumaho o tsukatte imashita.

③ 新しい ペンを （　　）まま、使って いませんでした。
Atarashī pen o　　　　mama, tsukatte imasen deshita.

④ 母からの メールを （　　）まま、返事を して いなかった。
Haha kara no mēru o　　　　mama, henji o shite inakatta.

つけます	読みます	買います	置きます	します
tsukemasu	yomimasu	kaimasu	okimasu	shimasu

95

❶

妻 <small>つま</small>	スマホを そんな ところに 置いた ままに しないで。 <small>お</small>
	子どもたちに おもちゃに されちゃうから。 <small>こ</small>
夫 <small>おっと</small>	ああ、そうだね。

Tsuma	Sumaho o sonna tokoro ni oita mama ni shinaide. Kodomotachi ni omocha ni sarechau kara.
Otto	Ā, sō da ne.

❷

A	聞いて ください。今日、初めて 部長に ほめられたんです。 <small>き きょう はじ ぶちょう</small>
B	へー、何て 言われたんですか。 <small>なん い</small>
A	「いい レポートだ。ていねいに よく 書かれて いる」って。 <small>か</small>
B	そうですか。よかったですね。
A	はい。いつも 叱られて ばかりですから。 <small>しか</small>

A	Kīte kudasai. Kyō, hajimete buchō ni homerareta n desu.
B	Hē, nante iwareta n desu ka?
A	"Ī repōto da. Tēnē ni yoku kakarete iru" tte.
B	Sō desu ka. Yokatta desu ne.
A	Hai. Itsumo shikararete bakari desu kara.

あたらしいことば
New words and expressions

面接 <small>めんせつ</small>	mensetsu	interview	phỏng cấn
趣味 <small>しゅ み</small>	shumi	plain	sở thích
色鉛筆 <small>いろえんぴつ</small>	iroenpitsu	colored pencil	bút chì màu
かきます［絵を］ <small>え</small>	kakimasu [fukuro o]	draw [a picture]	vẽ (tranh)
半分 <small>はんぶん</small>	hanbun	half	một nửa

96

建てます た	tatemasu	build	xây
満員 まんいん	man'in	at capacity	đầy khách, hết chỗ
踏みます ふ	fumimasu	step	giẫm
行います おこな	okonaimasu	to do	thực hiện
店長 てんちょう	tenchō	store manager	cửa hàng trưởng
注意します ちゅうい	chūi-shimasu	warn	chú ý
ほめます	homemasu	praise	khen ngợi
渡します わた	watashimasu	hand over	trao, đưa
消します け	keshimasu	erase	xóa
法律 ほうりつ	hōritsu	law	pháp luật
スリ	suri	pickpocket	móc túi
背中 せ なか	senaka	back	lưng
汚します よご	yogoshimasu	to dirty	làm bẩn
盗みます ぬす	nusumimasu	steal	ăn trộm
米 こめ	kome	rice	gạo
昔 むかし	mukashi	the past	ngày xưa
感じます かん	kanjimasu	feel	cảm thấy
頼みます たの	tanomimasu	request	nhờ vả
叱ります しか	shikarimasu	scold	mắng
大会 たいかい	taikai	large meeting; tournament	cuộc thi
配ります くば	kubarimasu	distribute	phân phát
リーダー	rīdā	leader	người dẫn đầu
選びます えら	erabimasu	choose	chọn lựa
愛します あい	aishimasu	love	yêu
輸出します ゆ しゅつ	yushutsu-shimasu	export	xuất khẩu
優勝 ゆうしょう	yūshō	win	vô địch

Unit 7

この おきは いつ 建てられたんですか
Kono o-tera wa itsu taterareta n desu ka?

ふくしゅうノート 📝
Review Notes   Sổ tay ôn tập

■ **Passive**

An expression made from the point of view of A about something that has happened to A.

Example 1: 母は 私を しかりました。(My mother scolded me.)

⇒ 私は 母に しかられました。(I was scolded by my mother.)

Example 2: すりが 私の バッグを とりました。(A pickpocket took my bag.)

⇒ 私は すりに バッグを とられました。(I had my bag taken by a pickpocket.)

Example 3: 来年、市が 新しい 図書館を つくります。(The city will build a new library next year.)

⇒ 来年、新しい 図書館が つくられます。(A new library will be built next year.)

■ **Bị động**

Cách nói thể hiện một việc gì đó đã thực hiện với A từ vị trí của A.

Ví dụ 1: 母は 私を しかりました。(Mẹ mắng tôi)

⇒ 私は 母に しかられました。(Tôi bị mẹ mắng.)

Ví dụ 2: すりが 私の バッグを とりました。(Móc túi trộm túi của tôi.)

⇒ 私は すりに バッグを とられました。(Tôi bị móc túi trộm mất túi.)

Ví dụ 3: 来年、市が 新しい 図書館を つくります。(Năm sau sẽ xây thư viện mới)

⇒ 来年、新しい 図書館がつくられます。(Năm sau thư viện mới sẽ được xây.)

■ **受け身**

何かがAに対してしたことをAの立場から表す表現です。

れい1) 母は私をしかりました。⇒私は母にしかられました。

れい2) すりが私のバッグをとりました。⇒私はすりにバッグをとられました。

れい3) 来年、市が新しい図書館をつくります。⇒来年、新しい図書館がつくられます。

Unit 8

これ、ちょっと コピーさせて ください
Kore, chotto kopī-sasete kudasai
Would you please let me copy this?
Cho tôi copy cái này một chút

キーワード
Keywords

使役
しえき

～（さ）せてください ［許可］
きょか
～(sa)sete kudasai

［疑問詞］ ＋でも
ぎもんし
demo

～のは / のが / のを / のも
～no wa / no ga / no o / no mo

～て＋いただきます
～te　itadakimasu

 **かいわ・1**
Dialogue

さくら　彼女に　会うのは　初めてですか。

ワン　　はい。電話で　話した　ことは　ありますが、会って　話すのは

　　　　初めてです。

Sakura　Kanojo ni auno wa hajimete desu ka?

Wan　　Hai. Denwa de hanashita koto wa arimasu ga atte hanasu no wa hajimete desu.

かいわ・2
Dialogue

青木　日本語は　難しいですか。

マイカ　はい。漢字を　覚えるのが　大変です。

Aoki　Nihongo wa muzukashī desu ka?

Maika　Hai. Kanji o oboeru no ga taihen desu.

かいわ・3
Dialogue

ポール　しまった！　電話するのを　忘れた！

マリア　どこに？

ポール　アルバイトを　して　いる　お店。ごめん、ちょっと　電話する。

Pōru　Shimatta! Denwa suru no o wasureta!

Maria　Dokoni?

Pōru　Arubaito o shite iru o-mise. Gomen chotto denwa suru.

かいわ・4　〈バスの中 Basu no naka〉
Dialogue

A　駅からは、どうやって　行けば　いいんですか。

B　大丈夫です。一人、迎えに　行かせますので。

A　Eki kara wa, dō yatte ike ba ī n desu ka?

B　Daijōbu desu. Hitori, mukae ni ikasemasu node.

かいわ•5
Dialogue

A　すみません。これ、ちょっと　コピーさせて　ください。

B　いいですよ。どうぞ。

A　Sumimasen. Kore chotto kopī sasete kudasai.

B　Ī desu yo. Dōzo.

かいわ•6
Dialogue

ワン　じゃ、いつ　会いましょう？

キム　私は　いつでも　いいですよ。

ワン　じゃ、来週の　火曜日は　どうですか。

キム　いいですよ。

Wan　Ja, itsu aimashō?

Kimu　Watashi wa itsu demo ī desu yo.

Wan　Ja, raishū no kayō-bi wa dō desu ka?

Kimu　Ī desu yo.

言ってみましょう
Say Try

❶ | 人と / 大勢の　前で | 話すのは | 楽しい / 苦手 | です。

Hito to /Ōzē no mae de hanasu nowa tanoshī / nigate desu.

❷ 私は | 旅行を　する / 音楽を　聞く | のが　好きです。

Watashi wa ryokō o suru / ongaku o kiku noga suki desu.

❸ | 出かける / こんな　店が　ある | のを | やめました / 知りませんでした |。

Dekakeru / Konna mise ga aru no o yamemashita / shirimasen deshita ..

❹ | 少し / もう少し | 休ませて / 話を　聞かせて | ください。

Sukoshi / Mō sukoshi yasumasete / hanashi o kikasete kudasai.

❺ ちょっと ┃ 質問させて ┃ ください。
　　　　　　 ┃ 説明させて ┃

Chotto <u>shitsumon-sasete</u> / <u>setsumē-sasete</u> kudasai.

❻ いつでも ┃ 結構です ┃。
　　　　　　 ┃ 利用できます ┃

Itsu demo <u>kekkō desu</u> / <u>Riyō-dekimasu</u>.

ステップアップ！ Step Up →　(25)

1 V て＋いただきます
　　　　te　　itadakimasu

❶ 先生に　その　本を　見せて　いただきました。
　Sensē ni sono hon o misete itadakimashita.

❷ 熱が　あったので、昨日は　休ませて　いただきました。
　Netsu ga atta node, kinō wa yasumasete itadakimashita.

❸ 簡単に、あいさつだけ　させて　いただきます。
　Kantan ni, aisatsu dake sasete itadakimasu.

2 V て＋いただけませんか
　　　　te　　itadakemasen ka?

❶ ほかの　色も　見せて　いただけませんか。
　Hoka no iro mo misete itadakemasen ka?

❷ ここで　少し　待たせて　いただけませんか。
　Koko de sukoshi matasete itadakemasen ka?

❸ これは　私に　払わせて　いただけませんか。
　Kore wa watashi ni harawasete itadakemasen ka?

❹ 1か月ほど　働かせて　いただけませんか。
　Ik-ka-getsu hodo hatarakasete itadakemasen ka?

3 どこでも・何でも・だれでも・どれでも・どんな 〜でも
dokodemo nandemo daredemo dore demo donna demo

❶ A 待ち合わせは どこに しますか。
Machiawase wa doko ni shimasu ka?

B どこでも いいです。
Doko demo ī desu.

❷ A それは、どこに 行けば 買えますか。
Sore wa, doko ni ikeba kaemasu ka?

B どこでも 買えますよ。コンビニでも 売って いると 思います。
Doko demo kaemasu yo. Konbini demo utte iru to omoimasu.

❸ お腹が 空いて いるから、何でも いいです。
Onaka ga suite iru kara, nandemo ī desu.

❹ 森先生は 何でも 知って ますね。
Mori-sensē wa nan demo shitte masu ne.

❺ そんな ことは だれでも 知って いる。
Sonna koto wa dare demo shitte iru.

❻ ここは 公園だから、だれでも 入れます。
Koko wa kōen da kara, dare demo hairemasu.

❼ ここに ある ものは、どれでも 100円です。
Koko ni aru mono wa, dore demo hyaku-en desu.

❽ どれでも、好きな ものを 選んで ください。
Dore demo, suki na mono o erande kudasai.

❾ 〈ホテル Hoteru〉

安ければ、どんな 部屋でも かまいません。
yasukereba, donna heya demo kamaimasen.

❿ どんな ことでも いいので、意見を 聞かせて ください。
Donna koto demo ī node, iken o kikasete kudasai.

1 □から ことばを えらんで、ただしい 形に して 入れて ください。

□kara kotoba o erande, tadashī katachi ni shite irete kudasai.

れい) <u>夜 遅く 寝る</u> のは よくないです。

Re) <u>Yoru osoku neru</u> no wa yoku nai desu.

① _____ のは 気持ちが いいです。

no wa kimochi ga ī desu.

② _____ のは 楽しいです。

no wa tanoshī desu.

③ テストで _____ のは 難しいです。

Tesuto de _____ no wa muzukashī desu.

④ スマホを 見ながら _____ のは 危険です。

Sumaho o mi nagara _____ no wa kiken desu.

夜遅く 寝ます yoru osoku nemasu	朝、散歩します asa,sanpo-shimasu	100点を とります hyaku-ten o torimasu
自転車に 乗ります jitensha ni norimasu	友達と 話します tomodachi to hanashimasu	

2 形を 変えて ください。 Katachi o kaete kudasai.

れい) むすこ／歌います／好きです→むすこは 歌うのが 好きです。

Re) musuko / utaimasu / suki desu → Musuko wa utau no ga suki desu.

① 私／食べます／遅い→ _____ 。

watashi / tabemasu / osoi

② さくらさん／パスタを 作ります／上手です→ _____ 。

Sakura-san / pasuta o tsukurimasu / jōzu desu

③ 新しい 仕事を おぼえます／大変です→ _____ 。

atarashī shigoto o oboemasu / taihen desu

④ 私／長い 時間 待ちます／嫌いです→ _____ 。

watashi / nagai jikan machimasu / kirai desu

3 形を 変えて ください。 Katachi o kaete kudasai.
（かたち）（か）

れい） お弁当を （持って 来ます → 持って 来る） のを 忘れました。
（べんとう）（も）（き）（も）（く）（わす）

Rē） O-bentō o （motte kimasu → motte kuru) no o wasuremashita.

① 先週、森さんが 事故に （あいます→　　　　　 ） のを 知って い
（せんしゅう）（もり）（じこ）（し）
ますか。

Senshū, Mori-san ga jiko ni （aimasu →　 ） no o shitte imasu ka?

② 田中さんに （連絡します→　　　　　 ） のを 忘れて いました。こ
（た なか）（れんらく）（わす）
れから、します。

Tanaka-san ni （renraku-shimasu →　 ） no o wasurete imashita. Kore kara, shimasu.

③ 昨日、地震が （あります→　　　　　 ） のを 知りませんでした。
（きのう）（じしん）（し）
Kinō, jishin ga （arimasu →　 ） no o shirimasen deshita.

④ 雨なので、買い物に （行きます→　　　　　 ） のを やめました。
（あめ）（か　もの）（い）
Ame na node, kaimono ni （ikimasu →　 ） no o yamemashita.

4 どうしの 使役形 （causative Form ／ thể sai khiến） を 書いて ください。 Dōshi no shieki-kē o kaite kudasai.
（し えきけい）（か）

ます形 masu-kē	使役形 shieki-kē	ます形 masu-kē	使役形 shieki-kē
すわります suwarimasu	れい） すわらせます Rē） suwarasemasu	食べます （た） tabemasu	
飲みます （の） nomimasu		調べます （しら） shirabemasu	
います imasu		来ます （き） kimasu	
持ちます （も） mochimasu		行きます （い） ikimasu	
着ます （き） kimasu		そうじします sōji-shimasu	

5 絵を 見て、ことばを 入れて ください。 E o mite, kotoba o irete kudasai.

れい) 社長は 山田さんに タクシーを
Re) Shachō wa Yamada-san ni takushī o

（ 呼ばせ ）ました。
　　 yobase　　 mashita.

① 時間が ないので、娘を （　　　　　　　　　　　） ました。
　 Jikan ga nai node, musume o　 mashita.

② 休みの 日に、よく 犬を 公園で （　　　　　　　　　）。
　 Yasumi no hi ni, yoku inu o kōen de

③ コーチは 毎日、私たちを （　　　　　　　　　　　）。
　 Kōchi wa mainichi, watashi tashi o

④ 息子に 部屋を （　　　　　　　　　　　） ました。
　 Musuko ni heya o　 mashita.

6 形を 変えて ください。 Katachi o kaete kudasai.

れい) 母は 私に トマトを （食べます→ 食べさせ ）ました。
Rê) Haha wa watashi ni tomato o (tabemasu →) mashita.

① 夫は 娘に 部屋を （掃除します→ ）ました。
Otto wa musume ni heya o (sōji-shimasu →) mashita.

② 姉は 私に 荷物を （持ちます→ ）ました。
Ane wa watashi ni nimotsu o (mochimasu →) mashita.

③ 私の 親は 私に 英語を （習います→ ）ました。
Watashi no oya wa watashi ni ēgo o (naraimasu →) mashita.

④ 先生は 学生に 言葉の 意味を （調べます→ ）ました。
Sensē wa gakusē ni kotoba no imi o (shirabemasu →) mashita.

⑤ 部長は 田中さんに 資料を （持って 来ます→ ）ました。
Buchō wa Tanaka-san ni shiryō o (motte kimasu →) mashita.

7 □から ことばを えらんで、文を 作って ください。
□kara kotoba o erande, bun o tsukutte kudasai.

れい) すみません、ちょっと 水を （ 飲ませ ）て ください。
Rê) Sumimasen, chotto mizu o nomase te kudasai.

① ちょっと この 本に ついて （ ）て ください。
Chotto kono hon ni tsuite te kudasai.

② その 仕事、私に （ ）て ください。
Sono shigoto, watashi ni te kudasai.

③ おいしそうですね。ちょっと （ ）て ください。
Oishi sō desu ne. Chotto te kudasai.

④ うーん、私 一人では 決められないので、ちょっと 両親と
Ūn, watashi hitori dewa kimerarenai node, chotto ryōshin to

（ ）て ください。
te kudasai.

飲みます	食べます	相談します	します	質問します
nomimasu	tabemasu	sōdan-shimasu	shimasu	shitsumon-shimasu

107

8 形を 変えて ください。　Katachi o kaete kudasai.

れい) こちらで (待ちます→待たせ) て いただきます。

Rē) 　Kochira de (machimasu → matase) te itadakimasu.

① では、場所は メールで (送ります→　　　　　　　) て いただきます。
Dewa, basho wa　mēru de (okurimasu →　) te itadakimasu.

② メール、(読みます→　　　　　　　) て いただきました。ありがとうございました。
Mēru (yomimasu →　) te itadakimashita.　Arigatō gozaimashita.

③ A：今度、私が 書いた 本が 出るんです。
　　Kondo, watashi ga kaita hon ga deru n desu.

　　B：そうなんですか。ぜひ、(買います→　　　　　　　) て いただきます。
　　Sō na n desu ka? Zehi, (kaimasu →　) te itadakimasu.

④ では、説明を (始めます→　　　　　　　) て いただきます。
Dewa, setsumē o (hajimemasu →　) te itadakimasu.

9 □から ことばを えらんで、文を 作って ください。
□ kara kotoba o erande, bun o tsukutte kudasai.

れい) その 話、もっと (聞かせ) て ください。
Rē) 　Sono hanashi, motto　kikase　　　　　te kudasai.

① ちょっと、ここの 写真を (　　　　　) て いただけませんか。
Chotto, koko no shashin o　　　　　　te itadakemasen ka?

② この パソコン、ちょっと (　　　　　) て いただけませんか。
Kono pasokon, chotto　　　　　　te itadakemasen ka?

③ この 資料、(　　　　　) て いただけませんか。
Kono shiryō,　　　　　　te itadakemasen ka?

④ 私に ちょっと (　　　　　) て いただけませんか。
Watashi ni chotto　　　　　　te itadakemasen ka?

聞きます	コピーします	手伝います	撮ります	使います
kikimasu	kopī-shimasu	tetsudaimasu	torimasu	tsukaimasu

10 □から ことばを えらんで、文を 作って ください。

□ kara kotoba o erande, bun o tsukutte kudasai.

れい)（　何でも　）いいから、何か　飲みたいです。

Re) 　　Nan demo 　　　　ī kara, nani ka nomitai desu.

① 練習すれば、（　　　　　　）上手に なります。
Renshū-sureba,　jōzu ni narimasu.

② A （　　　　　　）、好きな　ものを　選んで　ください。
　　　　　　　　　　suki na mono o erande kudasai.

　 B　じゃ、これに　します。
　　　　Ja, kore ni shimasua.

③ コンビニだったら、（　　　　　　）氷を　売って　います。
Konbini dattara,　　　　　　kōri o utte imasu.

④ 山田さんは、（　　　　　）仲良く なる　ことが　できる。
Yamada-san wa,　　　　naka yoku naru koto ga dekiru.

⑤ 来週だったら、（　　　　　）大丈夫ですよ。
Raishū dattara,　　　　　daijōbu desu yo.

何でも	だれでも	どんな 人とでも
nan demo	dare demo	donna hito to demo
どこでも	どれでも	いつでも
doko demo	dore demo	itsu demo

❶ 私は 小さい ころから 動物の お医者さんに なるのが 夢でした。そのために、今は 大学で 専門の 勉強を して います。医者に なれたら、どんな 動物の 病気や けがも 治して あげたいと 思って います。

Watashi wa chīsai koro kara dōbutsu no o-isha-san ni naru no ga yume deshita. Sonotame ni, ima wa daigaku de senmon no benkyō o shite imasu. Isha ni naretara, donna dōbutsu no byōki ya kega mo naoshite agetai to omotte imasu.

❷ 〈ホテルに 電話 Hoteru ni denwa〉

アリ すみません。予約が されて いるか どうか、確認を させて いただけますか。

A かしこまりました。ご予約の 日と お名前を 頂戴 できますか。

アリ 7月15日の 1泊で、アリと いいます。

A アリ様ですね。はい、7月15日の ご1泊で ご予約を いただいて おります。

アリ そうですか。わかりました。ありがとうございました。

Ari Sumimasen. Yoyaku ga sarete iru ka dō ka, kakunin o sasete itadakemasu ka?

A Kashikomarimashita. Go-yoyaku no hi to o-namae o chōdai dekimasu ka?

Ari Shichi-gatsu jūgo-nichi no i-ppaku de Ari to īmasu.

A Ari-sama desu ne. Hai, shichi-gatsu jūgo-nichi no go i-ppaku de go-yoyaku o itadaite orimasu.

Ari Sō desu ka. Wakarimashita. Arigatō gozaimashita.

あたらしい ことば 🍃
New words and expressions

しまった。	Shimatta.	しなければ ならない ことを し忘れた とき などに 言う ことば。	
大勢 おおぜい	ōzē	たくさんの 人。	
意見 い けん	iken	opinion	ý kiến
ちょうだいします	chōdai-shimasu	The humble form of 「もらいます」	từ khiêm nhường của もらいます
〜 泊 はく／ぱく	~haku/paku	～ nights	～ đêm

ふくしゅうノート 📝

■ **Causative**

An expression that indicates that an act made by A was due to orders from B.

Example 1: 私は　毎日　部屋を　掃除します。（ I clean my room every day. ）
　　　　　⇒母は　私に　毎日　部屋を　掃除させます。（ My mother makes me clean my room every day. ）

Example 2: 生徒たちは座りました。（ The students sat. ）
　　　　　⇒先生は　生徒たちを　座らせました。（ The teacher made the students sit. ）

■ **Causative Passive**

An expression from A's point of view regarding an act A performed due to orders from B.

Example 1: 母は　私に　毎日　部屋を　掃除させます。（ My mother makes me clean my room every day. ）
　　　　　⇒私は　母に　毎日　部屋を　掃除させられます。（ I am made to clean my room every day by my mother. ）

Example 2: 友達は　私に　ずっと　旅行の　話を　聞かせた。（ My friend talked to me for a long time about her trip. ）
　　　　　⇒私は　友達に　ずっと　旅行の　話を　聞かされた。（ I was made to hear about my friend's trip for a long time. ）

- -

■ **Sai khiến**

Cách nói thể hiện hành động của A là do B chỉ thị.

Ví dụ 1: 私は　毎日　部屋を　掃除します。（ Tôi dọn phòng hằng ngày. ）
　　　　⇒母は　私に　毎日　部屋を　掃除させます。（ Mẹ tôi bắt tôi dọn phòng hằng ngày. ）

Ví dụ 2: 生徒たちは 座りました。（ Học sinh ngồi. ）
　　　　⇒先生は　生徒たちを　座らせました。（ Giáo viên cho học sinh ngồi. ）

■ **Bị động sai khiến**

Cách cái thể hiện hành vi của A theo chỉ thị của B từ mắt nhìn của A.

Ví dụ 1: 母は　私に　毎日　部屋を　掃除させます。（ Mẹ bắt tôi dọn phòng mỗi ngày. ）
　　　　⇒私は　母に　毎日　部屋を　掃除させられます。（ Tôi bị mẹ bắt dọn phòng mỗi ngày. ）

Ví dụ 2: 友達は　私に　ずっと　旅行の　話を　聞かせた。（ Bạn tôi bắt tôi nghe chuyện đi du lịch suốt. ）
　　　　⇒私は　友達に　ずっと　旅行の　話を　聞かされた。（ Tôi bị bạn bắt nghe chuyện đi du lịch suốt. ）

■ **使役**

Ａの行為がＢの指示によることを表す表現です。

れい1) 私は毎日部屋を掃除します。⇒母は私に毎日部屋を掃除させます。

れい2) 生徒たちは座りました。⇒先生は生徒たちを座らせました。

■ **使役受身**

ＡがＢの指示によってした行為をＡの立場から表す表現です。

れい1) 母は私に毎日部屋を掃除させます。⇒私は母に毎日部屋を掃除させられます。

れい2) 友達は私にずっと旅行の話を聞かせた。⇒私は友達にずっと旅行の話を聞かされた。

Unit 9

この ハンバーガー、ちょっと 食べにくい

Kono hanbāgā, chotto tabenikui

It's kind of hard to eat this hamburger

Bánh mì kẹp thịt này hơi khó ăn

🔑 キーワード
Keywords

〜すぎます	〜やすいです	〜にくいです
~sugimasu	~yasui desu	~nikui desu
〜ほど〜ない	Aさ	〜なきゃ
~hodo ~nai	A-sa	~nakya

かいわ・1
Dialogue

アリ　　お昼に 行った 食べ放題の お店が おいしくて、食べすぎました。

キム　　へえ、私も 今度 行きたいです。

Ari　　O-hiru ni itta tabe hōdai no o-mise ga oishikute tabesugi mashita.

Kimu　　Hē, watashi mo kondo ikitai desu.

かいわ・2
Dialogue

さくら　　この グラスは 割れやすいので、洗う とき、気を つけて くださいね。

ワン　　はい、わかりました。

Sakura　　Kono gurasu wa wareyasui node arau toki kiotsukete kudasai ne.

Wan　　Hai, wakarimashita.

かいわ・3
Dialogue

ポール　　その ペン、新しい?

マリア　　うん。書きやすいよ。

Pōru　　Sono pen atarashī?

Maria　　Un. Kakiyasui yo.

かいわ・4
Dialogue

夫　　雪が 降りそうだね。

妻　　うん。こっちの すべりにくい くつを はいたら?

Otto　　Yuki ga furisō dane.

Tsuma　　Un. Kocchi no suberi nikui kutsu o haitara?

かいわ・5
Dialogue

マリア　うわあ、その　ハンバーガー、すごく　大きいね。

ポール　うん。……ちょっと　食べにくい。

Maria　　Uwā, sono hanbāgā sugoku ōkī ne.

Pōru　　Un. … …Chōtto tabe nikui.

言ってみましょう　Say Try

❶ | 外が 寒 / 値段が 高 / 人が 多 | すぎて、びっくりしました。

Soto ga samu / Nedan ga taka / Hito ga ō sugite, bikkuri-shimashita.

❷ そこは | すべり / 倒れ / 破れ | やすいので、気を　つけて　ください。

Soko wa suberi / taore / yabure yasui node, ki o tsukete kudasai.

❸ これは | 着 き / 書き か / 飲み の | やすくて、気に　入って　います。

Kore wa ki / kaki / nomi yasukute, ki ni itte imasu.

❹ これは | 壊れ こわ / 割れ わ | にくいので、長く　使えます。

Kore wa koware/ ware nikui node, nagaku tsukaemasu.

❺ ちょっと | 使い つか / 書き か / 着 き | にくいので、新しいのが　欲しいです。

Chotto tsukai / kaki / ki nikui node, atarashī no ga hoshī desu.

Unit 9
この　ハンバーガー、ちょっと　食べにくい
Kono hanbāgā, chotto tabenikui

1　〜ほど 〜ない
hodo　　nai

❶ サッカーは 好きですが、松本さんほど 詳しくないんです。
Sakkā wa sukidesu ga Matsumoto-san hodo kuwashiku nai n desu.

❷ 私は、兄ほど 背が 高くないです。
Watashi wa ani hodo se ga takaku nai desu.

❸ あの 店は、やまとスーパーほど 安く ありません。
Ano mise wa Yamato-sūpā hodo yasuku arimasen.

❹ 今日は、きのうほど 忙しく ありませんでした。
Kiyō wa kinō hodo isogashiku arimasen deshi ta.

2　Aさ
sa

❶ 東京スカイツリーの 高さは、634メートルです。
Tōkyōsukaitsurī no takasa wa roppyaku-sanjū-yon-mētoru desu.

❷ 写真で 見ても よく わからないんですが、大きさは どの くらいですか。
Shashin de mite mo yoku wakaranai n desu ga ōkisa wa dono kurai desu ka?

❸ 日本に 初めて 来た ときは、物価の 高さに 驚きました。
Nihon ni hajimete kita toki wa bukka no takasa ni odorokimashita.

❹ 北海道の 寒さは、東京とは 全く 違いました。
Hokkaidō no samusa wa tōkyō towa mattaku chigaimashita.

3　〜なきゃ
nakya

❶ 急がなきゃ、間に 合いません。
Isoganakya, maniai masen.

❷ 明日は テストだから、今日は 勉強しなきゃ。
Ashita wa tesuto dakara kyō wa benkyō shinakya.

❸ 最近、ちょっと 太ったなあ。運動しなきゃ。
Saikin, chotto futotta nā. Undō shina kya.

❹ 朝7時の 新幹線に 乗るから、明日は 5時に 起きなきゃ。
Asa shichi-ji no shinkansen ni noru kara ashita wa go-ji ni okina kya.

れんしゅうしましょう

Let's practice

1 絵を 見て、文を 書いて ください。 E o mite, bun o kaite kudasai.

れい)

Re)

魚を（ 焼きすぎました ）
Sakana o yaki sugi mashita.

①

ドーナツを（　　　　　　　　　　　　　）
Dōnatsu o

②

服を（　　　　　　　　　　　）
Fuku o

③

しょうゆを（　　　　　　　　　　）
Shōyu o

④

髪を 短く（　　　　　　　　　　）
Kami o mijikaku

2 絵を 見て、文を 書いて ください。 E o mite, bun o kaite kudasai.

れい  この パンは（固すぎます）
Re） Kono pan wa kata sugi masu.

①  この シャツは（　　　　　　　　　　　）
Kono shatsu wa

②  この 本は（　　　　　　　　　　　）
Kono hon wa

③  お湯が（　　　　　　　　　　　）
Oyu ga

④  この カレーは（　　　　　　　　　　　）
Kono karē wa

3 形を 変えて ください。　Katachi o kaete kudasai.

れい） これは （くさります→ くさり） やすいから、冷蔵庫に　入れた　ほうが
　　　　 いいですよ。

Re） 　　Kore wa （kusarimasu → kusari） yasui kara rēzōko ni ireta hō ga ī desu yo.

① 「薬」と 「楽」の 漢字は、（まちがえます→　　　　　　　） やすいです。
　　 "Kusuri"to"Raku" no kanji wa （machigaemasu →　　） yasui desu.

② お年寄りは 骨が （折れます→　　　　　　　） やすいから、
　　 気を つけなければ いけません。
　　 O-toshiyori wa hone ga （oremasu →　　） yasui kara, ki o tsukenakereba ikemasen.

③ 白い セーターは （汚れます→　　　　　　　） やすいから、
　　 あまり 好きじゃ ありません。
　　 Shiroi sētā wa （yogore masu →　　） yasui kara, amari suki ja arimasen.

④ この　地図は、ちょっと （わかります→　　　　　　　） にくいですね。
　　 Kono chizu wa, chotto （wakarimasu →　　　　） nikui desu ne.

4 □から ことばを えらんで、ただしい 形に して 入れて ください。
　　 □ kara kotoba o erande, tadashī katachi ni shite irete kudasai.

れい） この　薬は 甘くて、（ 飲み ） やすい。
Re） 　　Kono kusuri wa amakute,　　nomi　　yasui..

① 最近、遠くが （　　　　　　　） にくいので、めがねを 買いました。
　　 Saikin, tōku ga　　　　　　　　　nikui node, magane o kaimashita.

② きのう 買った 歯ブラシは、とても （　　　　　） やすい。
　　 Kinō katta haburashi wa, totemo　　　　　　　　yasui.

③ この　くつ下は、とても （　　　　　） やすい。
　　 Kono kutsushita wa, totemo　　　　　　　yasui.

④ 山田先生は 怖いから、ちょっと （　　　　　） にくいんです。
　　 Yamada-sensē wa kowai kara, chotto　　　　　　　nikui n desu.

飲みます	見えます	質問します	歩きます	みがきます
nomimasu	miemasu	shitsumon-shimasu	arukimasu	migakimasu

119

5 文を 作って ください。   Bun o tsukutte kudasai.

れい) 豚肉／牛肉／高くない
Rē)　butaniku / gyūniku / takaku nai

→ 豚肉は、牛肉ほど 高く ありません。
Butaniku wa gyūniku hodo takaku arimasen.

① 明日／今日／雨は ふらない
ashita / kyō / ame wa furanai

→ _____ 。

② 山田先生／森先生／怖くない
Yamada-sensē / Mori-sensē / kowaku nai

→ _____ 。

③ 紅茶／コーヒー／好きじゃない
Kōcha / kōhī / suki ja nai

→ _____ 。

④ 私／さくらさん／英語が 上手じゃない
watashi / Sakura-san / ēgo ga jōzu ja nai

→ _____ 。

6 形を 変えて ください。 Katachi o kaete kudasai.

れい) 私は、タイ料理の　（　辛　）さが　好きなんです。
Re) Watashi wa tai ryōri no　　　　　sa ga suki na n desu.

① さくらさんの　（　　　　　）さが、本当に　うれしかったです。
Sakura-san no　　　　　sa ga hontō ni ureshikatta desu.

② あの　チームの　（　　　　　）さは、ほかの　チームとは　全く　違う。
Ano chīmu no　　　　　sa wa, hoka no chīmu towa mattaku chigau.

③ 彼女の　英語の　発音の　（　　　　　）さには、びっくりしました。
Kanojo no ēgo no hatsuon no　　　　　sa niwa, bikkuri-shimashita.

④ あの　店の　スープの　（　　　　　）さが、忘れられません。
Ano mise no sūpu no　sa ga, wasureraremasen.

辛い	強い	美しい	おいしい	やさしい
karai	tsuyoi	utsukushī	oishī	yasashī

7 形を 変えて ください。 Katachi o kaete kudasai.

れい) 雨が　ふり　そうだから、傘を　持って（行きます→　行か）なきゃ。
Re) Ame ga furi sō dakara, kasa o motte (ikimasu → ika) nakya.

① 味が　ちょっと　薄いかな。
Aji ga chotto usui kana.
もう　ちょっと　塩を（入れます→　　　　　）なきゃ。
Mō chotto shio o (iremasu →　　) nakya.

② 牛乳が　もう　ないから、帰りに（買います→　　　　　）なきゃ。
Gyūnyū ga mō nai kara, kaeri ni (kaimasu →　　) nakya.

④ この　ことは、両親に　（話します→　　　　　）なきゃ　いけないと　思う。
Kono koto wa, ryōshin ni (hanashimasu →　　) nakya ikenai to omou.

⑤ 頭が　痛い。薬を（飲みます→　　　　　）なきゃ。
Atama ga itai. Kusuri o (nomimasu →　　) nakya.

❶

キム	ねえ、あそこ、なんて　書いて　ある？
ワン	「本日定休日」って　書いて　ある。休みだね。
キム	ありがとう。最近、遠くが　見え　にくくて……。目が　悪く なった　みたい。
ワン	そうなんだ。
キム	うん。メガネか　コンタクトを　買わなきゃ。

Kimu	Nē, asoko, nante kaite aru?
Wan	"Honjitsu teikyū bi"tte kaite aru. Yasumi da ne.
Kimu	Arigatō. Saikin, tōku ga mienikuku te… …. Mega waruku natta mitai.
Wan	Sō nanda.
Kimu	Un. Megane ka kontakuto o kawanakya.

❷ 〈不動産屋で Fudosan-ya de〉

アリ	こんにちは。部屋を　探して　いるんですが……。一人で　住み ます。
店員	そうですね……。ここは　どうでしょうか。広さは　十分ですよ。
アリ	そうですね。駅から　近いですか。
店員	駅からは　ちょっと　歩きますが、家賃は　駅前ほど　高くない ですよ。
アリ	いいですね。

Ari	Konnichiwa. Heya o sagashite iru n desu ga… … . Hitori de sumimasu.
Ten-in	Sō desu ne… …. Koko wa dōdeshō ka. Hirosa wa jūbun desu yo.
Ari	Sō desu ne. Eki kara chikai desu ka?
Ten-in	Eki kara wa chotto aruki masu ga yachin wa ekimae hodo takaku nai desu yo.
Ari	Ī desu ne.

あたらしいことば
New words and expressions

食べ放題 （た　ほうだい）	tabe-hōdai	A service that allows you to eat as much as you like in exchange for paying a set amount of money.	Dịch vụ ăn bao nhiêu tùy thích khi trả một số tiền nhất định.
割れます （わ）	waremasu	break	vỡ
倒れます （たお）	taoremasu	collapse	đổ
破れます （やぶ）	yaburemasu	tear	xé
物価 （ぶっか）	bukka	price of goods	vật giá, giá cả
全く （まった）	mattaku	completely	hoàn toàn
間に合います （ま　あ）	ma ni aimasu	make in time	kịp (giờ)
太ります （ふと）	futorimasu	get fatter	béo
ドーナツ	dōnatsu	donuts	bánh vòng
固い （かた）	katai	hard	cứng
くさります	kusarimasu	spoil	thối, hỏng
冷蔵庫 （れいぞうこ）	rēzōko	refrigerator	tủ lạnh
骨 （ほね）	hone	bone	xương
セーター	sētā	sweater	áo len
歯ブラシ （は）	haburashi	toothbrush	bàn chải đánh răng
くつ下 （した）	kutsushita	socks	tất
怖い （こわ）	kowai	scary	sợ
美しい （うつく）	utsukushī	beautiful	đẹp
薄い （うす）	usui	thin	mỏng, nhạt
本日 （ほんじつ）	honjitsu	A more formal way to say 「今日」	cách nói trang trọng của 今日
定休日 （ていきゅうび）	tēkyūbi	A day that a store has decided they will always be closed on.	Ngày nghỉ đã được quy định trước của cửa hàng
コンタクト（レンズ）	kontakuto (renzu)	contact lenses	kính áp tròng
家賃 （やちん）	yachin	rent	tiền thuê nhà

ふくしゅうノート ✏️

Review Notes　Sổ tay ôn tập

■ 〜すぎます

An expression that indicates the unusual degree of an act or state.

[V ~~masu~~-form、Aɨ、NA~~na~~] + sugimasu

　　Example 1:　ちょっと　食べすぎました。(I ate a little too much.)
　　Example 2:　この　くつは　大きすぎます。(These shoes are too big.)

■ 〜ほど〜はない　　　N3

An expression that takes the form「Aほど〜はない」and indicates that a trait of A is special.

　　Example 1:　彼ほど　歌が　上手な　人は　いない。(There is no one as good at singing as him.)
　　Example 2:　今日ほど　忙しい　日は　ありませんでした。(I have never had a day as busy as today.)

....

■ 〜すぎます

Là cách nói thể hiện mức độ không bình thường của hành động hay trạng thái.

[V thể ~~ます~~、A~~い~~、NA~~な~~] +すぎます

　　Ví dụ 1:　ちょっと　食べすぎました。(Ăn hơi nhiều.)
　　Ví dụ 2:　この　くつは　大きすぎます。(Đôi giày này hơi to.)

■ 〜ほど〜はない　　　N3

Là cách nói thể hiện tính chất đặt biệt của A ở mẫu "không tới mức ~ như A"

　　Ví dụ 1:　彼ほど　歌が　上手な　人は　いない。(Không có ai hát hay bằng anh ấy.)
　　Ví dụ 2:　今日ほど　忙しい　日は　ありませんでした。(Không có ngày nào bận như hôm nay.)

■ 〜すぎます

動作や状態の程度が普通ではないことを表す表現です。
[V~~ます~~形、A~~い~~、NA~~な~~] +すぎます

　　れい1）ちょっと食べすぎました。
　　れい2）このくつは大きすぎます。

■ 〜ほど〜はない　　　N3

「Aほど〜はない」の形で、Aのある性質が特別であることを表す表現です。

　　れい1）彼ほど歌が上手な人はいない。
　　れい2）今日ほど忙しい日はありませんでした。

Unit 10

ちょうど 駅に 着いた ところです

Chōdo eki ni tsuita tokoro desu

I just got to the station

Tôi vừa mới đến ga

キーワード
Keywords

～ところです	～た ばかりです	～ように なります	～なくなります
～tokoro desu	～ta bakari desu	～yō ni narimasu	～naku narimasu
～始めます	［音・におい］が します		
～hajimemasu	ga shimasu		

 かいわ・1
Dialogue

ポール　今、電話、大丈夫？

マリア　うーん、これから　出かける　ところ。

ポール　じゃ、いいよ。また、今晩　かけるから。

マリア　そう。ごめんね。

Pōru Ima denwa daijōbu?
Maria Ūn, korekara dekakeru tokoro.
Pōru Ja, ī yo. Mata, konban kakeru kara.
Maria Sō. Gomen ne.

かいわ・2
Dialogue

キム　ワンさん、今、何を　して　いますか。

ワン　カフェで　レポートを　書いて　いる　ところです。

キム　みんなで　カラオケに　行く　んだけど、行きませんか。

ワン　いいですよ。前と　同じ　お店ですか。

キム　ええ。じゃ、先に　行きますから、後で　来て　ください。

ワン　はい。

Kimu Wan-san ima, nani o shite imasu ka?
Wan Kafe de repōto o kaite iru tokoro desu.
Kimu Minna de karaoke ni iku n da kedo, ikimasen ka?
Wan Ī desu yo. Mae to onaji o-mise desu ka?
Kimu Ē. Ja, saki ni ikimasu kara ato de kite kudasai.
Wan Hai.

かいわ・3
Dialogue

さくら　今、どこですか。

アリ　ちょうど　駅に　着いた　ところです。これから　タクシーで
　　　そっちに　向かいます。

さくら　わかりました。気を　つけて。

126

Sakura	Ima,doko desu ka?
Ari	Chōdo eki ni tsuita tokoro desu. Korekara takushī de socchi ni mukaimasu.
Sakura	Wakarimashita. Ki o tsukete.

かいわ・4
Dialogue

さくら　新しい　パソコンは　どうですか。

ワン　買った　ばかりで、まだ、そんなに　使って　いないんです。

でも、いいですよ。いろいろ　便利に　なって。

さくら　そうですか。

Sakura	Atarashī pasokon wa dō desu ka?
Wan	Katta bakari de mada sonna ni tsukatte inai n desu.
	Demo, ī desu yo. Iroiro benri ni natte.
Sakura	Sō desu ka.

かいわ・5　〈日本語教室 Nihongo-kyōshitsu〉
Dialogue

さくら　日本語は、少し　話せる　ように　なりましたか。

生徒　そうですね。簡単な　会話なら、少し　できる　ように　なりました。

Sakura	Nihongo wa, sukoshi hanaseru yō ni narimashita ka?
Seito	Sō desu ne. Kantan na kaiwa nara, sukoshi dekiru yō ni narimashita.

かいわ・6
Dialogue

青木　ホアンさんは　ベトナムに　帰るんですか。

さくら　はい、そう　聞きました。

青木　そうですか。もう　会えなく　なるんですね。残念です。

Aoki	Hoan-san wa Betonamu ni kaeru n desu ka?
Sakura	Hai, sō kikimashita.
Aoki	Sō desu ka. Mō aenaku naru n desu ne. Zannen desu.

❶ これから | 家に 帰る / 電車に 乗る | ところです。

Korekara ie ni kaeru / densha ni noru tokoro desu.

❷ 今、| 買い物 / 犬の 散歩 | を して いる ところです。
いま

Ima, kaimono / inu no sanpo o shite iru tokoro desu.

❸ | 今、起きた / たった 今、試合が 終わった / 今日、日本に 戻って きた | ところです。

Ima, okita / Tatta ima, shiai ga owatta / Kyō, Nihon ni modotte kita tokoro desu.

❹ | 今年、結婚した / 5月に 子どもが 生まれた / まだ 始まった | ばかりです。

Kotoshi, kekkon-shita / Go-gatsu ni kodomo ga umareta / Mada hajimatta bakari desu.

❺ | 少し わかる / だんだん 魚を 食べられる | ように なりました。

Sukoshi wakaru / Dandan sakana o taberareru yō ni narimashita.

❻ | 気に なって 眠れ / 疲れて 歩け | なく なりました。

Ki ni natte nemure / Tsukarete aruke naku narimashita.

ステップアップ! Step Up

1 〜始める
hajimaru

❶ A あっ、雨が 降り始めました。
あめ　ふ　はじ
Att, ame ga furi hajimemashita.

B ほんとだ。
Honto da.

❷ 今月から 料理教室に 通い始めました。
こんげつ　りょう　りきょうしつ　かよ　はじ
Kongetsu kara ryōri-kyōshitsu ni kayoi hajimemashita.

❸ 私の 祖母も、最近、スマホを 使い 始めました。
わたし　そ ぼ　さいきん　つか　はじ
Watashi no sobo mo, saikin, sumaho o tsukai hajimemashita.

2 〜ところ [場所 basho]
tokoro　ば しょ

❶ 駅を 出た ところに 交番が あります。
えき　で　こうばん
Eki o deta tokoro ni kōban ga arimasu.

❷ あの 角を 曲がった ところに スーパーが あります。
かど　ま
Ano kado o magatta tokoro ni sūpā ga arimasu.

3 [音／におい oto/nioi] が します
おと　　　　　　　　　　　ga shimasu

❶ となりの 部屋から ずっと 音が して、寝られませんでした。
へや　おと　ね
Tonari no heya kara zutto oto ga shite, neraremasen deshita.

❷ この エアコン、変な 音が する。故障かなあ。
へん　おと　こしょう
Kono eakon, henna oto ga suru. Koshō kanā.

❸ この 花、いい においが しますね。
はな
Kono hana, ī nioi ga shimasu ne.

❹ A 何か においが しますね。
なに
Nanika nioi ga shimasu ne.

B ええ、臭いですね。何の においでしょう。
くさ　なん
Ē, kusai desu ne. Nan no nioi deshō.

Unit
10
ちょうど 駅に 着いた ところです
Chōdo eki ni tsuita tokoro desu

1 形を 変えて ください。 Katachi o kaete kudasai.
かたち か

れい） A 申し込みの 書類、もう 書いた？
もう こ しょるい か
Rē） Mōshikomi no shorui, mō kaita?

B まだ。これから（書きます→ 書く）ところだよ。
か か
Mada. Korekara（kakimasu → kaku）tokoro da yo.

① A チケット、買った？
か
Chiketto, katta?

B うん。さっき（買って きます→　　　　）ところ。
か
Un.　Sakki（katte kimasu →　　）tokoro.

A 早いね。私は これから 買って くる ところ。
はや わたし か
Hayai ne. Watashi wa korekara katte kuru tokoro.

② 〈電話 Denwa 〉
でん わ

A 試合、もう 始まった？
し あい はじ
Shiai, mō hajimatta?

B これから（始まります→　　　　　）ところ。早く 来て。
はじ はや き
Korekara（hajimarimasu →　　）tokoro.　　　　Hayaku kite.

③ A 山本さん。
やまもと
Yamamoto-san.

B あ、田中さん。
た なか
A, Tanaka-san.

あの カフェに（行きます→　　　　　）ところ なんだけど、
い
いっしょに 行かない？
い
Ano kafe ni（ikimasu →　　）tokoro na n dakedo, issho ni ikanai?

④ A 部屋は もう 片付けた？
へ や かた づ
Heya wa mō katazuketa?

B まだ。これから（片付けます→　　　　　）ところ。
かた づ
Mada. Korekara（katazukemasu →　　）tokoro.

2 絵を 見て、文を 書いて ください。 E o mite, bun o kaite kudasai.

れい)
Rē)

A　今、何を　して　いますか。
　　Ima, nani o shite imasu ka?

B　料理を　して　いる　ところです
　　Ryōri o shite iru tokoro desu.

① えき

②

③

④

A　今、何を　して　いますか。
　　Ima, nani o shite imasu ka?

B　①　_____

　　②　_____

　　③　_____

　　④　_____

Unit
10

ちょうど　駅に　着いた　ところです
Chōdo eki ni tsuita tokoro desu

131

3 □から ことばを えらんで、ただしい 形に して 入れて ください。

□ kara kotoba o erande, tadashī katachi ni shite irete kudasai.

れい) 夫　ただいま。
Re)　otto　Tadaima.

妻　お帰りなさい。やっと 子どもが（ 寝た ）ところだから、静かに してね。
tsuma　Okaerinasai. Yatto kodomo ga　neta　tokoro da kara, shizuka ni shite ne.

① A　待った？　ごめん。
　　　Matta? Gomen.

　　B　ううん、私も 今、（　　　　　　　　）ところだよ。
　　　Uun, watashi mo ima,　　　　　　　tokoro da yo.

② A　お昼、食べに 行きませんか。
　　　O-hiru, tabe ni ikimasen ka?

　　B　すみません、今、お弁当を（　　　　　　　）ところなんです。
　　　Sumimasen, ima, o-bentō o　　　　　　tokoro na n desu.

③ A　もしもし、今、どこ？
　　　Moshimoshi, ima, doko?

　　B　今、うちを（　　　　　）ところ。もう ちょっと 待って。
　　　Ima, uchi o　　　　　tokoro.　Mō chotto matte.

④ A　山田さん、コーヒー、どうですか。
　　　Yamada-san, kōhī, dō desu ka?

　　B　ありがとう。今、（　　　　　　）ところだから、大丈夫です。
　　　Arigatō.　Ima,　　　　　　tokoro da kara, daijōbu desu.

寝ます	飲みます	食べます	着きます	出ます
nemasu	nomimasu	tabemasu	tsukimasu	demasu

4 □から ことばを えらんで、ただしい 形に して 入れて ください。

□ kara kotoba o erande, tadashī katachi ni shite irete kudasai.

れい) さっき、ごはんを (食べた) ばかりだから、まだ、おなか いっぱいだ。

Re) Sakki, gohan o tabeta bakari da kara, mada, onaka ippai da.

① この カフェ、先月 (   ) ばかりなんですよ。入って みませんか。

Kono kafe, sengetsu bakari na n desu yo. Haitte mimasen ka?

② 見て。ねこの 赤ちゃん。(   ) ばかりなんだって。かわいい！

Mite. Neko no aka-chan. bakari na n da tte. Kwaī!

③ この 町に 引っ越して (   ) ばかりなので、まだ、いろいろ

Kono machi ni hikkoshite bakari na node, mada, iroiro

わかりません。

wakarimasen.

④ 風邪が (   ) ばかりなので、試合には、まだ 出られません。

Kaze ga bakari na node, shiai niwa, mada deraremasen.

食べます	できます	治ります	生まれます	来ます
~~tabemasu~~	dekimasu	naorimasu	umaremasu	kimasu

5 形を 変えて ください。 Katachi o kaete kudasai.

れい) 1 キロ (泳げます→ 泳げる ように なりました)。

Re) Ichi-kiro (oyogemasu → oyogeru yō ni narimashita).

① 私の 祖母も (スマホを 使えます→   )。

Watashi no sobo mo (sumaho o tsukaemasu →   ).

② 最近 やっと、簡単な (漢字が 読めます→   )。

Saikin yatto, kantan na (kanji ga yomemasu →   ).

③ 毎日 練習して、(ギターが ひけます→   )。

Mainichi renshū-shite, (gitā ga hikemasu →   ).

④ 日本語で (説明できます→   )。

Nihongo de (setsumē-dekimasu →   ).

6 □から ことばを えらんで、ただしい 形に して 入れて ください。

□ kara kotoba o erande, tadashī katachi ni shite kaite kudasai.

れい) 毎日 ジョギングする ように したら、風邪を （ ひかなく ）なりました。

Rê) Mainichi jogingu-suru yō ni shi tara, kaze o 　　　　hikanaku　　　 narimashita.

① 仕事に だいぶ 慣れて、（　　　　　　　　）なりました。

Shigoto ni daibu narete, 　　　　　　　　narimashita.

② パソコンが （　　　　　　）なった。新しいのを 買わないと。

Pasokon ga 　　　　　　natta. Atarashī no o kawanai to.

③ 昔は すごく リンゴが 好きだったけど、最近、あまり （　　　　　　　）

Mukashi wa sugoku ringo ga suki datta kedo, saikin, amari

なりました。

narimashita.

④ 今の 仕事を 始めてから、（　　　　　　　）なりました。

Ima no shigoto o hajimete kara, 　　　　　　　narimashita.

~~ひきます~~	動きます	食べます	運動します	失敗します
~~hikimasu~~	ugokimasu	tabemasu	undō-shimasu	shippai-shimasu

---

7 ことばを 入れて ください。　Kotoba o irete kudasai.

れい) 昨日から、この 小説を （ 読み ）始めたんです。

Rê) Kinō kara, kono shōsetsu o 　　yomi　　 hajimeta n desu.

① 急に 雨が （　　　　　）始めました。

Kyū ni ame ga 　　　　　hajimemashita.

② 娘は 「いただきます」と 言って、大好きな バナナを

Musume wa "Itadakimasu" to itte, dai-suki na banana o

（　　　　）始めました。

　　　　hajimemashita.

③ 祖母は、死んだ 祖父について、私に （　　　　　　　）始めました。

Sobo wa, shinda sofu nitsuite, watashi ni 　　　　　　　hajimemashita.

④ 最近、近くの 教室で 柔道を （　　　　　）始めました。

Saikin, chikaku no kyōshitsu de jūdō o 　　　　　hajimemashita.

8 形を 変えて ください。 Katachi o kaete kudasai.

れい) この 辺に、メガネを (売ります→売って いる) ところは ありませんか。

Re) Kono hen ni, megane o (urimasu → utte iru) tokoro wa arimasen ka?

① 郵便局は、この 通りを まっすぐ (行きます→　　　　　) ところ に ありますよ。

Yūbinkyoku wa, kono tori o massugu (ikimasu →　　) tokoro ni arimasu yo.

② 明日は、おばあちゃんの ところに (泊まります→　　　　　) 予定です。

Ashita wa, obāchan no tokoro ni (tomarimasu →　　) yotē desu.

③ いらっしゃいませ。(空きます→　　　　　) ところへ どうぞ。

Irasshaimase. (akimasu →　　) tokoro e dōzo.

④ あの パン屋が、田中さんが (教えて くれます→　　　　　) ところですよ。

Ano pan-ya ga, Tanaka-san ga (oshiete kuremasu →　　) tokoro desu yo.

9 □から ことばを えらんで 入れて ください。 □kara kotoba o erande irete kudasai.

れい) 玄関の ほうで 何か 音が する。(だれか 来たかなあ)。

Re) Genkan no hō de nani ka oto ga suru.

① 自転車から 変な 音が する。(　　　　　　　　　　　)。

Jitensha kara hen naoto ga suru.

② この ごはん、変な においが する。(　　　　　　　　)。

Kono gohan, hen na nioi ga suru.

③ いい においが する。(　　　　　　　　　　　　　　)。

Ī nioi ga suru.

~~だれか 来たかなあ~~　　　　　ごはんが できた みたいだ
dareka kita ka nā　　　　　　　gohan ga dekita mitai da

修理に 持って 行こう　　　　　くさっている かもしれない
shūri ni motte ikō　　　　　　　kusatte iru kamoshirenai

①

A 　青木さん、ダンス教室に 通って いるんですか。

青木 　ええ。

A 　いいですね、楽しそうで。ちょっと 見せて くださいよ。

青木 　え？ 無理ですよ。まだ 習い始めた ばかりで、全然 踊れな

　　　いんです。

A 　そうですか。

青木 　頑張って、早く 踊れる ように なります。

A 　Aoki-san dansu-kyōshitsu ni kayotte iru n desu ka?

Aoki 　Ē.

A 　Ī desu ne, tanoshi sō de. Chotto mi sete kudasai yo.

Aoki 　E? Muri desu yo. Mada narai hajimeta bakari de zenzen odorenai n desu.

A 　Sō desu ka.

Aoki 　Ganbatte, hayaku odoreru yōni narimasu.

❷ 〈電話 Denwa〉

アリ　　　アリですが、さくらさん、今、どこに　いますか。

さくら　　今、バスを　待って　いる　ところ。どう　したの？

アリ　　　さくらさんに　紹介したい　人が　いるんです。さくらさん、
　　　　　大学に　いると　思って。

さくら　　ごめんなさい。今日は　もう　授業が　終わって。別の　日でも
　　　　　いい？

アリ　　　もちろんです。

さくら　　じゃ、その　方にも　よろしく　言って　ください。

アリ　　　はい。

Ari   Ari desu ga, Sakura-san, ima, doko ni imasu ka?
Sakura   Ima, basu o matte iru tokoro. Dō shita no?
Ari   Sakura-san ni shōkai-shitai hito ga iru n desu. Sakura-san, daigaku ni
           iru to omotte.
Sakura   Gomennasai. Kyō wa mō jugyō ga owatte. Betsu no hi demo ī?
Ari   Mochiron desu.
Sakura   Jā sono kata nimo yoroshiku itte kudasai.
Ari   Hai.

あたらしいことば
New words and expressions

向かいます	mukaimasu	head toward	hướng tới
生まれます	umaremasu	be born	sinh ra
故障します	koshō-shimasu	break down	hỏng hóc
におい	nioi	smell	mùi
臭い	kusai	smelly	thối
ダンス	dansu	dance	nhảy, khiêu vũ
習います	naraimasu	learn	học
踊ります	odorimasu	to dance	nhảy, múa
別の	betsu no	a different	~ khác

ふくしゅうノート 📝
Review Notes　Sổ tay ôn tập

■ 〜ところです

An expression that indicates the current state (before starting, in progress, ended) of an action or situation.

Example 1: これから 学校に 行く ところです。(I am just about to go to school now.)
Example 2: 今、勉強して いる ところです。(I am studying right now.)
Example 3: 今、家に 帰って 来た ところです。(I have just returned home.)

■ 〜たばかりです

An expression that states that not much time has passed since an action or happening.

Example 1: 食べた ばかりなので、あまり お腹は 空いて いません。
(I just ate, so I am not very hungry.)
Example 2: 「ます形」は 昨日 習った ばかりで、まだ 正しく 使えません。
(I just learned masu-form yesterday, and I cannot use it correctly yet.)

- -

■ 〜ところです

Là cách nói thể hiện hành động hay trạng thái đang ở giai đoạn nào (trước khi bắt đầu, đang tiến hành, đã kết thúc).

Ví dụ 1: これから 学校に 行く ところです。(Tôi sắp đi đến trường bây giờ.)
Ví dụ 2: 今、勉強して いる ところです。(Bây giờ tôi đang học.)
Ví dụ 3: 今、家に 帰って 来た ところです。(Bây giờ tôi vừa về đến nhà.)

■ 〜たばかりです

Là cách nói thể hiện một hành động hay sự kiện đã xảy ra và thời gian chưa trôi qua là mấy.

Ví dụ 1: 食べた ばかりなので、あまり お腹は 空いて いません。(Vừa ăn xong nên không thấy đói bụng lắm.)
Ví dụ 2: 「ます形」は 昨日 習った ばかりで、まだ 正しく 使えません。
(Vừa học xong thể ます ngày hôm qua nên chưa biết dùng đúng.)

■ 〜ところです

動作や状況が今どの段階（始まる前、進行中、終わった）にあるかを表す表現です。

れい1）これから学校に行くところです。
れい2）今、勉強しているところです。
れい3）今、家に帰って来たところです。

■ 〜たばかりです

動作や出来事が行われた後、時間があまりたっていないことを表す表現です。

れい1）食べたばかりなので、あまりお腹は空いていません。
れい2）「ます形」は昨日習ったばかりで、まだ正しく使えません。

Unit 11

安くて おいしい そうです
Yasukute oishī sō desu

It seems to be cheap and tasty
Quán đó nghe nói rẻ và ngon

🔑 キーワード
Keywords

～そうです［伝聞］ ～sō desu	～ようです ～yō desu	～はずです ～hazu desu
～場合は ～bāi wa		

 **かいわ・1**
Dialogue

A　　　ポールさんは、高校生の　とき　サッカーを　して　いた　そうです。

グエン　それで、走るのが　速いんですね。

A　　　Pōru-san wa, kōkōsē no toki sakkā o shite ita sō desu.

Guen　Sorede, hashiru noga hayai n desu ne.

かいわ・2
Dialogue

アリ　　駅前に　できた　ラーメン屋、安くて　おいしい　そうですよ。

キム　　そうなんですか。じゃ、今度　いっしょに　行って　みましょう。

Ari　　Ekimae ni dekita rāmen-ya, yasukute oishiī sō desu yo.

Kimu　Sō nan desu ka. Ja, kondo issho ni itte mimashō.

かいわ・3
Dialogue

ポール　ボタンを　押しても、動きません。

田中　　壊れて　いる　ようですね。

Pōru　Botan o oshite mo ugoki masen.

Tanaka　Kowarete iru yō desu ne.

かいわ・4
Dialogue

さくら　あそこに　警察が　いますね。

ワン　　ええ。交通事故の　ようですね。

Sakura　Asoko ni kēsatsu ga imasu ne.

Wan　Ē, Kōtsū jiko no yō desu ne.

かいわ•5
Dialogue

さくら　キムさんは、もう　帰りましたか。

アリ　　さっき、図書館に　行くと　言って　いましたから、まだ　学校に
　　　　いる　はずです。

Sakura　Kimu-san wa, mō kaeri mashita ka?

Ari　Sakki toshokan ni iku to itte imashita kara, mada gakkō ni iru hazu desu.

かいわ•6
Dialogue

A　　　田中さんが　結婚するって、本当かなあ。

B　　　部長が　言って(い)たんでしょう？　だったら、本当かもしれません。

A　　　Tanaka-san ga kekkon suru tte hontō kanā?

B　　　Buchō ga itte(i)ta n deshō? Dattara hontō kamo shiremasen.

言ってみましょう
Say Try

①
さくらさん		来年　留学する
今年の　夏	は	暑い
あの　店		人気だ
明日は		雨だ

そうです。

Sakura-san /Kotoshi no natsu / Ano mise / Ashita wa
rainen ryūgaku suru / atsui / ninki da / ame da sō desu.

②
電車が　遅れている
青木さんは　今　忙しい
さくらさんは　野球が　すきな
アリさんは　留守の

ようです。

Densha ga okurete iru / Aoki-san wa ima isogashī
/ Sakura-san wa yakyū ga sukina / Ari-san wa rusu no　yō desu.

③

| 彼は ワンさんを 知っている |
| この 店が 一番 安い |
| 弟は 今日は ひまな |
| 試験は あさっての |

はずです。

Kare wa Wan-san o shitte iru / Kono mise ga ichiban yasui
/ Otōto wa kyō wa himana /Shiken wa asatte no hazu desu.

④

| 勝てる |
| 明日、雨が 降る |
| 間に 合わない |

かもしれません。

Kateru / Ashita, ame ga furu / Ma ni awanai kamo shiremasen.

ステップアップ！ Step Up ▶ 🎧(34)

1 ～場合は
bāi wa

❶ 遅れる 場合は、必ず 連絡して ください。
Okureru bāi wa kanarazu renraku-shite kudasai.

❷ この 薬を 飲んでも 治らない 場合は、もう 一度 病院に 来て ください。
Kono kusuri o nonde mo naoranai bāi wa mō ichido byōin ni kite kudasai.

❸ 参加する 人が 少ない 場合は、パーティーを やめましょう。
Sanka suru hito ga sukunai bāi wa pātī o yamemashō.

❹ 明日までに 資料を 作るのが 無理な 場合は、あさってでも いいです。
Ashita made ni shiryō o tsukuru noga murina bāi wa asatte demo ī desu.

❺ あの 店が 休みの 場合は、ほかの 店に 行きましょう。
Ano mise ga yasumi no bāi wa hoka no mise ni iki mashō.

2 〜によると
ni yoru to

❶ 天気予報に よると、明日は 晴れだ そうです。
てんきよほう　　　　　　あした　は
Tenki yohō ni yoru to ashita wa hareda sō desu.

❷ 彼女に よると、イベントは 中止に なる ようです。
かのじょ　　　　　　　　　　　　　　ちゅうし
Kanojo ni yoru to ibento wa chūshi ni naru yō desu.

❸ この 本に よると、コーヒーは けっこう 体に いい 飲み物です。
ほん　　　　　　　　　　　　　　　　　　からだ　　　　　　　の　もの
Kono hon ni yoru to kōhī wa kekkō karada ni ī nomimono desu.

3 〜が
ga

❶ A すみませんが、もう 少し 待って くれませんか。
すこ　　ま
　Sumimasen ga, mō sukoshi matte kuremasen ka?

　B そうですか。わかりました。
　Sō desu ka. Wakarimashita.

❷ A 田中さんから 聞いたんですが、山下さん、結婚したんですか。
たなか　　　　き　　　　　　　　やました　　けっこん
　Tanaka-san kara kīta n desu ga, Yamashita-san, kekkon-shita n desu ka?

　B ああ、そう みたいです。
　Ā, sō mitai desu.

❸ A 明日の テストだけど、時間は 30分？
あした　　　　　　　　　じかん　　　　　ぷん
　Ashita no tesuto da kedo, jikan wa sanjup-pun?

　B うん、そうだったと 思う。
おも
　Un, sō datta to omou.

1 絵を 見て、ことばを 入れて ください。 *E o mite, kotoba o irete kudasai.*

れい) 彼女は ＿＿スキーが 上手だ そうです＿＿ 。
Rē) Kanojo wa　sukī ga jōzu da sō desu.

① 野村さんの 家は ＿＿＿＿＿＿＿＿＿＿＿＿ 。
Nomura-san no ie wa

② 先生は ＿＿＿＿＿＿＿＿＿＿＿ 。
Sensē wa

③ 田中さんは ＿＿＿＿＿＿＿＿＿＿＿ 。
Tanaka-san wa

④ 石川先生の 趣味は ＿＿＿＿＿＿＿＿＿＿＿＿ 。
Ishikawa-sensē no shumi wa

2 形を 変えて ください。 *Katachi o kaete kudasai.*

れい) A 明日も 雨でしょうか。
Rē)　　Ashita mo ame deshō ka?

B 天気予報に よると、明日は 雨が (降りません→ 降らない) そうです。
　　Tenki yohō ni yoruto ashita wa ame ga (furimasen → furanai) sō desu.

① A ワンさんが 来て いませんね。
　　Wan-san ga kite imasen ne.

B ええ。風邪を (引きました→ 　　　　　) そうです。
　　Ē, kaze o (hikimashita → 　　) sō desu.

② A　さくらさんは　来週、沖縄に　旅行に（行きます→　　　　　）そうです。
　　　　Sakura-san wa raishū, Okinawa ni ryokō ni (ikimasu →　　) sō desu.

　　B　へえ。いいですね。私も　沖縄に　行って　みたいです。
　　　　Hē. Ī desu ne. Watashi mo Okinawa ni itte mitai desu.

③ A　ネットの　ニュースで　見たんですが、今日、飛行機事故が
　　　（ありました→　　　　　）そうです。
　　　　Netto no nyūsu de mita n desu ga, kyō hikōki jiko ga (arimashita →　　)sō desu.

　　B　あっ、私も　さっき　その　ニュースを　見ました。
　　　　Att, watashi mo sakki sono nyūsu o mimashita.

④ A　先生の　話に　よると、来週は　漢字の　テストが（ありません→　　　　　）
　　　そうです。
　　　　Sensē no hanashi ni yoru to, raishū wa kanji no tesuto ga (arimasen →　　) sō desu.

　　B　本当ですか。うれしいです。
　　　　Hontō desu ka. Ureshī desu.

3　絵を　見て、ことばを　入れて　ください。 E o mite, kotoba o irete kudasai.

れい）青木さんは　電話に　出ません。（寝ている）ようです。
Re)　Aoki-san wa denwa ni demasen.　　　Nete iru　　　yō desu.

① マイカさんは　魚が（　　　　　　　）ようです。
　　Maika-san wa sakana ga　　　　　　yō desu.

② 電気が　消えています。この　店は、今日は（　　　　　　）ようです。
　　Denki ga kiete imasu.　　　Kono mise wa kyō wa　　　　　yō desu.

③ あっ、雨が（　　　　　　　）ようです。
　　Att, ame ga　　　　　　yō desu.

④ 青木さんは　今、（　　　　　　　）ようです。
　　Aoki-san wa ima,　　　　　　yō desu.

4 □から ことばを えらんで、ただしい 形(かたち)に して 入(い)れて ください。

□ kara kotoba o erande, tadashī katachi ni shite kaite kudasai.

れい) A　ワンさんは、まだ 来(き)て いませんか。

Re)　　　　Wan-san wa mada kite imasen ka?

　　　B　さっき 電話(でんわ)で 駅(えき)に 着(つ)いたと 言(い)って いましたので、もうすぐ

　　　　　Sakki denwa de eki ni tsuita to itte imashita node, mōsugu

　　　　（ 来(く)る ）はずです。

　　　　　　kuru　　hazu desu.

① A　キムさんは 日本語(にほんご)が 話(はな)せますか。

　　　Kimu-san wa nihongo ga hanasemasu ka?

　B　日本(にほん)の 大学(だいがく)で 勉強(べんきょう)しているので、（　　　　　　　）はずです。

　　　Nihon no daigaku de benkyō-shite irunode　　　　　hazu desu.

② A　青木(あおき)さんは もう 家(いえ)に 着(つ)いたでしょうか。

　　　Aoki-san wa mō ie ni tsuita de shō ka?

　B　2時間(じかん) 前(まえ)に 出(で)たので、もう 家(いえ)に（　　　　　　　）はずです。

　　　Ni-jikan mae ni deta node mō ie ni　　　　　hazu desu.

③ A　明日(あした)の パーティーに アリさんも 行(い)きますか。

　　　Ashita no pātī ni Ari-san mo ikimasu ka?

　B　アリさんは 明日(あした) アルバイトが あると 言(い)って いましたから、

　　　Ari-san wa ashita arubaito ga aru to itte imashita kara

　　　（　　　　）はずです。

　　　　　　hazu desu.

④ A　もう 荷物(にもつ)を 送(おく)りましたか。

　　　Mō nimotsu o okurimashita ka?

　B　はい。今日(きょう) 送(おく)りましたので、明日(あした)（　　　　　　　）はずです。

　　　Hai.　Kyō okurimashita node, ashita　　　　　hazu desu.

来(き)ます	着(つ)きます	話(はな)せます	行(い)きます	帰(かえ)ります
kimasu	tsukimasu	hanasemasu	ikimasu	kaerimasu

146

5 □から ことばを えらんで、ただしい 形に して 入れて ください。

□ kara kotoba o erande, tadashī katachi ni shite irete kudasai.

れい) 夜中の　1時なので、青木さんは　（　寝ている　）はずです。

Re) Yonaka no ichi-ji nanode Aoki-san wa 　　　nete iru 　　　hazu desu.

① 昨日、メールを　送りましたので、もう　（　　　　　）はずです。

Kinō mēru o okurimashita node, mō 　　　　　　　　hazu desu.

② もう　11時な　ので、家に（　　　　　）はずです。

Mō jūichi-ji nanode, ie ni 　　　　　　hazu desu.

③ 青木さんは　映画が　好きなので、この　映画も　（　　　　　）はずです。

Aoki-san wa ēga ga suki nanode, kono ēga mo 　　　　　hazu desu.

④ 昼の　12時なので、レストランは　（　　　　　）はずです。

Hiru no jūni-ji nanode resutoran wa 　　　　　　hazu desu.

寝ます	見ます	開きます	帰ります	届きます
nemasu	mimasu	akimasu	kaerimasu	todokimasu

6 形を 変えて ください。　Katachi o kaete kudasai.

れい) コピー機が（故障しました→ 故障した）場合は、こちらの　番号に　電話して　ください。

・ Re) Kopīki ga (koshō shimashita → koshōshita) bāi wa kochira no bangō ni denwa-shite kudasai.

① （注文します→　　　　　）場合は、この　ボタンを　押して　ください。

(chūmon-shimasu → 　　　　) bāi wa, kono botan o oshite kudasai.

② 時間に（間に合いません→　　　　　）場合は、連絡して　ください。

Jikan ni (maniaimasen → 　　　) bāi wa, renraku-shite kudasai.

③ （間違えました→　　　　　）場合は、もう　一度　書いて　ください。

(machigaemashita → 　　　) bāi wa, mō ichido kaite kudasai.

④ 予約を（して いません→　　　　　）場合は、参加できません。

Yoyaku o (shite imasen → 　　　) bāi wa, sanka-dekimasen.

147

①

たなか　今日、電車が　遅れて　いた　ようですね。

　　　　　遅刻した　学生が　たくさん　いました。

グエン　はい。事故が　あった　そうです。

たなか　明日は　9時から　試験が　ありますので、遅れないで　くだ

　　　　　さいね。

グエン　もし、試験に　遅れる　場合は　どう　したら　いいですか。

たなか　間に　合わない　場合は、すぐに　学校に　連絡して　ください。

Tanaka　Kyō densha ga okurete ita yō desu ne. Chikoku shita gakusē ga takusan imashita.

Guen　Hai. Jiko ga atta sō desu.

Tanaka　Ashita wa ku-ji kara shiken ga arimasu node okurenaide kudasai ne.

Guen　Moshi shiken ni okureru bāi wa dō shitara ī desu ka?

Tanaka　Ma ni awanai bāi wa sugu ni gakkō ni renraku-shite kudasai.

②

キム　　もう　秋ですが、毎日　暑いですね。

さくら　そうですね。今年の　夏は　特別　暑かった　そうです。

キム　　そうですか。

さくら　でも、もうすぐ 10月に　なりますから、涼しくなる　はずです。

キム　　早く　涼しく　なると　いいですね。

Kimu　Mō aki desuga mainichi atsui desune.

Sakura　Sō desu ne. Kotoshi no natsu wa tokubetsu atsukatta sō desu.

Kimu　Sō desu ka.

Sakura　Demo mōsugu jū-gatsu ni narimasu kara suzushiku naru hazu desu.

Kimu　Hayaku suzushiku naru to ī desu ne.

148

あたらしい ことば
New words and expressions

～屋 や	～ya	～の店。 みせ	
動きます うご	ugokimasu	move	hoạt động, nhúc nhích
警察 けいさつ	kēsatsu	police	cảnh sát
交通事故 こうつうじこ	kōtsū-jiko	traffic accident	tai nạn giao thông
野球 やきゅう	yakyū	baseball	bóng chày
留守 るす	rusu	away from home	vắng nhà
勝ちます か	kachimasu	to win	thắng
場合 ばあい	bāi	case; occasion	trường hợp
特別（に） とくべつ	tokubetsu (ni)	special	đặc biệt

ふくしゅうノート 📝
Review Notes　Sổ tay ôn tập

■ ～そうです　[Hearsay]

An expression that states to a listener that the speaker has learned about something by hearing or reading about it.

Example 1: 昨日、九州で 雪が　降ったそうです。(It seems it snowed in Kyushu yesterday.)

Example 2: 中村先生は　入院して いるそうです。(It seems that Nakamura-sensei is in the hospital.)

■ ～ようです　[Conjecture]

An expression that makes a conjecture based on a situation one saw on their own or from information heard.

Example 1: この 本は よく　売れて いる ようですね。(It appears as though this book is selling well.)

Example 2: 何も 言わないけど、彼女は　怒って いる ようでした。
(She won't say anything, but she appeared to be angry.)

- -

■ ～そうです　[Truyền đạt]

Cách nói truyền đạt điều người nói nghe được, đọc được tới người nghe.

Ví dụ 1: 昨日、九州で 雪が　降ったそうです。(Nghe nói hôm qua tuyết rơi ở Kyushu.)

Ví dụ 2: 中村先生は　入院して いるそうです。(Nghe nói thấy Nakamura đang nhập viện.)

■ ～ようです　[Phỏng đoán]

Cách nói phỏng đoán dựa trên tình trạng nhìn thấy hay thông tin nghe được.

Ví dụ 1: この 本は よく　売れて いる ようですね。(Có vẻ cuốn sách này bán rất chạy.)

Ví dụ 2: 何も 言わないけど、彼女は　怒って いる ようでした。(Có vẻ anh ấy đang giận dù không nói gì.)

■ ～そうです　[伝聞]

話し手が聞いたり読んだりして知ったことを聞き手に伝える表現です。

れい1）昨日、九州で雪が降ったそうです。

れい2）中村先生は入院しているそうです。

■ ～ようです　[推量]

自分で見た状況や聞いた情報などをもとに推測する表現です。

れい1）この本はよく売れているようですね。

れい2）何も言わないけど、彼女は怒っているようでした。

Unit 12

田中先生は 今、
どちらに いらっしゃいますか

Tanaka sensē wa ima, dochira ni irasshaimasu ka?

Where is Tanaka-sensei right now?

Cô Tanaka bây giờ đang ở đâu ạ?

🔑 キーワード
Keywords

お〜になります	ご〜になります	〜れる	〜られる
o〜ni narimasu	go〜ni narimasu	〜reru	〜rareru
いらっしゃいます	召し上がります	ご覧になります	おっしゃいます
irasshaimasu	meshiagarimasu	goran ni narimasu	osshaimasu
なさいます	ご存じです	お越しになります	
nasaimasu	gozonji desu	okoshi ni narimasu	

151

かいわ・1 Dialogue 〈学校の 事務所で Gakkō no jimusho de〉

ポール　すみません。田中先生は　今、どちらに　いらっしゃいますか。

A　えーと、先生は　今、3階で　授業を　して　います。

ポール　そうですか。わかりました。

Pōru　　Sumimasen. Tanaka-sensē wa ima dochira ni irasshai masu ka?

A　　　　Ēto, sensē wa ima san-kai de jugyō o shite imasu.

Pōru　　Sō desu ka. Wakarimashita.

かいわ・2 Dialogue

A　お昼は　何を　召し上がりましたか。

B　今日は　大学の　食堂で　スパゲティを　食べました。

A　　O-hiru wa nani o meshiagari mashita ka?

B　　Kyō wa daigaku no shokudō de supagethī o tabemashita.

かいわ・3 Dialogue

A　会場で　山下先生に　お会いに　なりましたか。

B　はい、お会いしました。お元気　そう　でしたよ。

A　　Kaijō de Yamashita-sensē ni o-ai ni narimashita ka?

B　　Hai, o-ai shimashita. O-genki sō deshita yo.

かいわ・4 Dialogue

A　社長は　何か　お土産を　買われましたか。

B　うん。おいしそうな　お菓子が　あったから、1つ　買ったよ。

A　　Shachō wa nani ka o-miyage o kaware mashita ka?

B　　Un. Oishisōna o-kashi ga atta kara hitotsu katta yo.

かいわ・5
Dialogue

学生(がくせい)　この　表(ひょう)も　先生(せんせい)が　作(つく)られたんですか。

先生(せんせい)　もちろんです。全部(ぜんぶ)、自分(じぶん)で　作(つく)りましたよ。

Gakusē　Kono hyō mo sensē ga tsukurareta n desu ka?

Sensē　Mochiron desu. Zenbu jibun de tsukurimashita yo.

かいわ・6
Dialogue

ワン　ほかの　方々(かたがた)は、いつ　来(こ)られるんですか。

さくら　今(いま)、駅(えき)に　到着(とうちゃく)された　そうなので、もうすぐです。

Wan　Hoka no katagata wa itsu korareru n desu ka?

Sakura　Ima eki ni tōchaku sareta sō nanode mōsugu desu.

言(い)ってみましょう
Say Try

❶ 先生(せんせい)は　今(いま)、| 研究室(けんきゅうしつ) / アメリカの　大学(だいがく) | に　いらっしゃいます。

　　Sensē wa ima <u>kenkyū-shitsu / amerika no daigaku</u> ni irasshai masu.

❷ 先生(せんせい)は | おすし / ワイン | を　少(すこ)し　召(め)し上(あ)がりました。

　　Sensē wa <u>o-sushi / wain</u> o sukoshi meshiagari mashita.

❸ 社長(しゃちょう)は | お帰(かえ)り / お出(で)かけ / 少(すこ)し　お疲(つか)れ | に　なりました。

　　Shachō wa <u>o-kaeri / o-dekake / sukoshi o-tsukare</u> ni narimashita.

❹ | きっぷ / 薬(くすり) / 浅草(あさくさ)へ | は　もう | 買(か)われ / 飲(の)まれ / 行(い)かれ | ましたか。

　　<u>Kippu / Kusuri / Asakusa e</u> wa mō <u>kaware/nomare/ikare</u> mashita ka.

Unit
12

田中先生は　今、どちらに　いらっしゃいますか
Tanaka sensē wa ima, dochira ni irasshaimasu ka?

⑤

| 何時に 起きられた |
| いつ テストを 受けられた |

んですか。

<u>Nan-ji ni okirareta / Itsu tesuto o ukerareta</u> n desu ka?

⑥ 先生は

| けがを |
| 出席 |
| 電話 |

された そうです。

Sensē wa <u>kega o / shusseki /denwa</u> sareta sō desu.

ステップアップ！ Step Up

(37)

1 ご覧に なります
goran ni narimasu

❶ A 富士山は ご覧に なりましたか。
　　Fuji-san wa goran ni narimashita ka?

　　B いいえ、まだ 見て（い）ません。
　　Īe, mada mite (i)masen.

❷ メニューを ご覧に なりますか。
　　Menyū o goran ni narimasu ka?

　　はい、お願いします。
　　Hai, onegai shimasu.

❸ メールは ご覧に なって いる ようですが、返事が ありません。
　　Mēru wa goran ni natte iru yō desuga henji ga arimasen.

2 おっしゃいます
osshaimasu

❶ 先生は いつも そう おっしゃいます。
　　Sensē wa itsumo sō osshaimasu.

❷ 〈電話で Denwa de〉
　　すみません、今、何と おっしゃいましたか。
　　Sumimasen, ima nan to osshaimashita ka?

❸ その時、先生は 何と おっしゃったんですか。
Sono toki sensē wa nan to osshatta n desu ka?

❹ お名前は 何と おっしゃいますか。
O-namae wa nan to osshaimasu ka?

3 お休みに なります
o-yasumi ni narimasu

❶ 先生は いつも 11時ごろに お休みに なる そうです。
Sensē wa itsumo jūichi-ji goro ni o-yasumi ni naru sō desu.

❷ A 毎日 暑いですが、夜は よく お休みに なれて いますか。
Mainichi atsui desuga, yoru wa yoku o-yasumi ni narete imasu ka?

B ええ、大丈夫ですよ。
Ē, daijōbu desu yo.

4 なさいます
nasaimasu

❶ A 予約は もう なさいましたか。
Yoyaku wa mō nasai mashita ka?

B いいえ、これからです。
Īe, korekara desu.

❷ A いろいろな 経験を なさったんですね。
Iroiro na kēken o nasatta n desu ne.

B そうですね。
Sō desu ne.

❸ A 皆さん、心配なさったでしょう。
Mina-san shinpai nasatta deshō.

B はい、とても 心配でした。
Hai, totemo shinpai deshita.

❹ A どちらに なさいますか。
Dochira ni nasai masu ka?

B じゃ、Aを お願いします。
Ja, A o onegai shimasu.

155

5 ご存じです
gozonji desu

❶ 〈写真 Shashin〉

A この 方を ご存じですか。
Kono kata o gozonji desu ka?

B いいえ、知らない 人です。
Īe, shiranai hito desu.

❷ A 日本の 習慣を よく ご存じですね。
Nihon no shūkan o yoku gozonji desu ne.

B 昔、調べた ことが あるんです。
Mukashi shirabeta koto ga aru n desu.

❸ A この ことは ご存じなかったですか。
Kono kotowa gozonji nakatta desu ka?

B はい。初めて 聞きました。
Hai, hajimete kiki mashita.

6 お越しに なります
okoshi ni narimasu

❶ A 先生は いつ 会場に お越しに なりますか。
Sensē wa itsu kaijō ni okoshi ni narimasu ka?

B 午後から 行く 予定です。
Gogo kara iku yotē desu.

❷ 東京に お越しに なる ことが あれば、ぜひ、うちに いらっしゃって ください。
Tōkyō ni okoshi ni naru koto ga areba zehi uchi ni irasshatte kudasai.

❸ A 森先生は お越しに ならないんでしょうか。
Mori-sensē wa okoshi ni naranai n de shō ka.

B ええ。今、入院されて いるんです。
Ē. Ima nyūin sarete iru n desu.

156

7 お亡くなりになります
onakunari ni narimasu

❶ A 先生は 先月、お亡くなりに なりました。
せんせい　　せんげつ　　　な

Sensē wa sen-getsu onakunari ni narimashita.

B そうですか。残念です。
ざんねん

Sō desu ka. Zannen desu.

❷ お亡くなりに なる 前に、何と おっしゃいましたか。
な　　　　　　　　まえ　なん

Onakunari ni naru mae ni nan to osshai mashita ka?

8 お〜ください／ご〜ください
o　 kudasai　 go　 kudasai

❶ こちらに お名前と ご住所を お書きください。
なまえ　　じゅうしょ　　か

Kochira ni o-namae to go-jūsho o o-kaki ni natte kudasai.

❷ お名前を お呼びしますので、おかけに なって お待ちください。
なまえ　　よ　　　　　　　　　　　　　　　　　　　　　ま

O-namae o oyobi shimasu node, okake ni natte omachi kudasai.

❸ 忘れない ように ご用意ください。
わす　　　　　　　　　よう い

Wasurenai yō ni goyōi kudasai.

❹ 遅れる 場合は、私に ご連絡ください。
おく　　ば あい　　わたし　　れんらく

Okureru bāi wa, watashi ni gorenraku kudasai.

Unit 12

田中先生は 今、どちらに いらっしゃいますか
Tanaka sensē wa ima, dochira ni irasshaimasu ka?

157

1 形を 変えて ください。 Katachi o kaete kudasai.
かたち か

れい) お客様が （帰ります→ お帰りになりまし ）た。
きゃくさま かえ かえ
Re) O-kyaku-sama ga (kaerimasu → okaeri ni narimashi) ta.

① A 社長、（疲れます→   ）たか。
しゃちょう つか
Shachō (tsukaremasu →   ) ta ka?

B 大丈夫。
だいじょうぶ
Daijōbu.

② A 田中部長は いらっしゃいますか。
たなかぶちょう
Tanaka buchō wa, irasshaimasu ka?

B 会議中ですが、もうすぐ 終わります。（待ちます→   ）か。
かいぎちゅう お ま
Kaigi-chū desu ga, mō sugu owarimasu. (Machimasu →   ) ka?

③ こちらの 資料も （読みます→   ）か。
しりょう よ
Kochira no shiryō mo yomimasu →   ) ka?

④ 社長は 朝、ふじ旅行の 方と （会います→   ）た。
しゃちょう あさ りょこう かた あ
Shachō wa, asa, Fuji ryokō no kata to (arimasu →   ) ta.

⑤ さくら電気の 社長は、75歳で （亡くなります→   ）た。
でんき しゃちょう さい な
Sakura denki no shachō wa, nanajū go-sai de (nakunarimasu →   ) ta.

2 ことばを 入れて ください。 Kotoba o irete kudasai.

ます形 masu-kē	尊敬語 sonkē-go	ます形 masu-kē	尊敬語 sonkē-go
聞きます kikimasu	れい) 聞かれます rē) kikaremasu	飲みます nomimasu	
します shimasu		来ます kimasu	
おります orimasu		読みます yomimasu	
帰ります kaerimasu		買います kaimasu	
着ます kimasu		持って来ます mottekimasu	

3 絵を 見て、ことばを 入れて ください。 E o mite, kotoba o irete kudasai.

れい) お客様は ___帰られました___ 。
Re) O-kyakus-sama wa kaeraremashita.

① 社長　② 社長の奥さん　③ 客

④ 森先生

① 社長は 紅茶を _____。
Shachō wa kōcha o

② 社長の 奥様が _____。
Shachō no okusama ga

③ お客様は 帽子を _____。
O-kyaku-sama wa bōshi o

④ この 本は、森先生が _____。
Kono hon wa, Mori sensē ga

4 ことばを 入れて ください。 Kotoba o irete kudasai.

ます形 masu-kē	尊敬語 sonkē-go	ます形 masu-kē	尊敬語 sonkē-go
行きます・います・来ます Ikimasu, imasu, kimasu	れい）いらっしゃいます rē) irasshaimasu	食べます・飲みます tabemasu, nomimasu	
見ます mimasu		来ます kimasu	
知っています shitte imasu		します shimasu	
寝ます nemasu		言います īmasu	

5 形を 変えて ください。 Katachi o kaete kudasai.

れい）A 明日は、何時ごろに（ いらっしゃいます ）か。
Rē)　　Ashita wa, nan-ji goro ni irasshaimasu ka?

B 9時に 行こうと 思って います。
Ku-ji ni ikō to omotte imasu.

① A ほかに 何か（　　　　　　　　　　　　）か。
Hoka ni nanika　　　　　　　　　　　　ka?

B もう、おなか いっぱいです。ありがとうございます。
Mō, onaka ippai desu. Arigatō gozaimasu.

② A 先週 みんなで 撮った 写真、（　　　　　　　　　　　　）か。
Senshū minna de totta shashin,　　　　　　　　　　　ka?

B まだ 見て いません。
Mada mite imasen.

③ A 昨日は 何時ごろ、（　　　　　　　　　　　　）か。
Kinō wa nan-ji goro,　　　　　　　　　　　ka?

B 11時ごろ、寝ましたよ。
Jūichi-ji goro, nemashita yo.

④ A どれに（　　　　　　　　　　　）か。
　　　Dore ni　　　　　　　　　　　　　　ka?

　 B じゃ、この　赤いのに　します。
　　　Ja, kono akai no ni shimasu.

⑤ A それで、社長は　何と（　　　　　　　　　　）んですか。
　　　Sorede, shachō wa nan to　　　　　　　　　　n desu ka?

　 B 「わかった」と　言ったよ。
　　　"Wakatta" to itta yo.

⑥ A 林さんの　こと、（　　　　　　　）でしたか。
　　　Hayashi-san no koto,　　　　　　　　deshita ka?

　 B いえ、知りませんでした。
　　　Ie, shirimasen deshita.

6 形を　変えて　ください。　Katachi o kaete kudasai.

れい）どうぞ、（食べます→お食べになっ）て　ください。
　Rē)　　Dōzo,　（tabemasu → otabeninat）te kudasai.

① どうぞ、先に（帰ります→　　　　　　）て　ください。
　　Dōzo, saki ni（kaerimasu →　　）te kudasai.

② そちらの　いすに（かけます→　　　　　　　）て　ください。
　　Sochira no isu ni（kakemasu →　　）te kudasai.

③ 今日は　よく（休みます→　　　　　　　）て　ください。
　　Kyō wa yoku（yasumimasu →　　）te kudasai.

④ こちらで（待ちます→　　　　　　　）て　ください。
　　Kochira de（machimasu →　　）te kudasai.

⑤ どうぞ、体を　大事に（します→　　　　　　　）て　ください。
　　Dōzo, karada o daiji ni（shimasu →　　）te kudasai.

Unit
12

田中先生は　今、どちらに　いらっしゃいますか
Tanaka sensē wa ima, dochira ni irasshaimasu ka?

①

医者	どうぞ　お入り　ください。
男の人	よろしく　お願いします。
医者	どうぞ、そちらに　おかけに　なって　ください
男の人	はい。
医者	今日は　どう　されましたか。
男の人	はい。ちょっと　熱が　あるんです。
医者	じゃ、口の　中を　見させて　もらいますね。ああ、風邪を ひかれた　ようですね。
男の人	やっぱり、そうですか。
医者	まあ、ふつうの　風邪ですよ。お薬を　出しますので、温かく して、よく　お休みに　なって　ください。
男の人	わかりました。ありがとう　ございました。
医者	お大事に　なさって　ください。

Isha	Dōzo ohairi kudasai.
Otoko no hito	Yoroshiku onegai-shimasu.
Isha	Dōzo sochira ni okake ni natte kudasai.
Otoko no hito	Hai.
Isha	Kyō wa dō saremashita ka?
Otoko no hito	Hai. Chotto netsu ga aru n desu.
Isha	Ja, kuchi no naka o misasete morai masu ne. Ā, kaze o hikareta yō desu ne.
Otoko no hito	Yappari sō desu ka.
Isha	Mā futsū no kaze desu yo. O-kusuri o dashimasu node atatakaku shite yoku o-yasumi ni natte kudasai.
Otoko no hito	Wakarimashita. Arigatō gozaimashita.
Isha	odaijini nasatte kudasai.

②

青木	日本に　いらっしゃるのは　初めてですか。
女の人	はい、そうです。
青木	日本語が　おできに　なるんですね。 どちらで　勉強されたんですか。
女の人	大学です。4年間、日本語と　日本文化を　勉強しました。

162

青木　　そうですか。ほんとに　お上手です。

　　　　今日は　これから　どちらに　行かれるんですか。

女の人　浅草です。その後、すもうを　見に　行きます。

青木　　すもうを　ご覧に　なるんですね。いいですね。

女の人　はい、楽しみです。

Aoki	Nihon ni irassharu no wa hajimete desu ka?
Onna no hito	Hai, sō desu.
Aoki	Nihongo ga o-deki ni naru n desu ne.
	Dochira de benkyō-sareta n desu ka?
Onna no hito	Daigaku desu. Yonen-kan nihongo to nihon bunka o benkyō-shi mashita.
Aoki	Sō desu ka. Honto ni ojōzu desu.
	Kyō wa kore kara dochira ni ikareru n desu ka?
Onna no hito	Asakusa desu. Sono ato, Sumō o mini ikimasu.
Aoki	Sumō o goran ni naru n desu ne. Ī desu ne.
Onna no hito	Hai, tanoshimi desu.

あたらしいことば
New words and expressions

いらっしゃいます	irasshaimasu	The honorific form of 「います」 and 「行きます」.	kính ngữ của います / 行きます
召し上がります	meshiagarimasu	The honorific form of 「食べます」.	kính ngữ của 食べます
ご覧になります	goran ni narimasu	The honorific form of 「見ます」.	kính ngữ của 見ます
おっしゃいます	osshaimasu	The honorific form of 「言います」.	kính ngữ của 言います
なさいます	nasaimasu	The honorific form of 「します」.	kính ngữ của します
ご存知です	gozonji desu	The honorific form of 「知っています」.	kính ngữ của 知っています
亡くなります	nakunarimasu	亡くなります The honorific form of 「死にます」.	kính ngữ của 死にます
お越しになります	okoshi ni narimasu	お越しになります The honorific form of 「来ます」.	kính ngữ của きます
表	hyō	table; front side	bảng biểu
到着します	tōchaku-shimasu	Arrive The same as 「着きます」.	cùng nghĩa với 着さます
研究室	kenkyū-shitsu	laboratory	phòng nghiên cứu
経験	kēken	experience	kinh nghiệm
習慣	shūkan	custom	thói quen
かけます [いすに]	kakemasu [isu ni]	sit down [on a chair] The same as 「すわります」.	giống với 「すわります」
すもう	sumō	sumo	sumo

田中先生は 今、どちらに いらっしゃいますか
Tanaka sensē wa ima, dochira ni irasshaimasu ka?

ふくしゅうノート 📝

■ お ～に なります

An expression that indicates respect for another.

お＋ verb ~~masu~~-form ＋ ni narimasu

Example 1: 先生は　もう　お帰りに　なりました。(Sensei has already left.)

Example 2: こちらで　お待ちに　なりますか。(Could you please wait here?)

■ ～れる／～られる

An expression that indicates respect for another.

V ~~nai~~-form ＋ reru/rareru

Example 1: この　本は　もう　読まれましたか。(Have you already read this book?)

Example 2: 今朝は　何時に　起きられましたか。(What time did you wake up this morning?)

- -

■ お ～に なります

Cách nói thể hiện sự tôn kính tới đối phương.

お＋ **động từ thể** ~~ます~~＋に なります

Ví dụ 1: 先生は　もう　お帰りに　なりました。(Thầy giáo đã về rồi.)

Ví dụ 2: こちらで　お待ちに　なりますか。(Quý vị đợi ở đây ạ?)

■ ～れる／～られる

Cách nói thể hiện sự tôn kính với đối phương

V thể ~~ない~~＋れる / られる

Ví dụ 1: この　本は　もう　読まれましたか。(Anh đã đọc cuốn sách này chưa?)

Ví dụ 2: 今朝は　何時に　起きられましたか。(Sáng nay anh dậy từ mấy giờ?)

■ お～になります

相手を尊敬する気持ちを表す表現です。

お＋動詞~~ます~~形＋になります

れい1）先生はもうお帰りになりました。

れい2）こちらでお待ちになりますか。

■ ～れる／～られる

相手を尊敬する気持ちを表す表現です。

V~~ない~~形＋れる / られる

れい1）この本はもう読まれましたか。

れい2）今朝は何時に起きられましたか。

Unit 13

これから 研究室に 伺っても
よろしいでしょうか

Korekara kenkyū-shitsu ni ukagattemo yoroshī deshō ka?

May I come visit the lab right now?

Bây giờ em đến phòng nghiên cứu có được không ạ?

🔑 キーワード
Keywords

お～します	ご～します	いたします
o～shimasu	go～shimasu	itashimasu
うかがいます	拝見します	申します
ukagaimasu	haiken-shimasu	mōshimasu
申し上げます	参ります	差し上げます
mōshiagemasu	mairimasu	sashiagemasu
お～ください	ご～ください	
o～kudasai	go～kudasai	

🗨 かいわ・1
Dialogue

ワン	失礼します。・・・お忙しい　ところ、すみません。
	10分ほど、お話を　伺いたいのですが……。
先生	いいですよ。どうぞ。

Wan　Shitsurē-shimasu…… o-isogashī tokoro, sumimasen. Ju-ppun hodo, o-hanashi o ukagai tai no desu ga….

Sensē　Ī desu yo. Dōzo.

🗨 かいわ・2
Dialogue

部長	新年会の　お店は　決まりましたか。
社員	すみません、まだです。決まったら、すぐに　お知らせします。

Buchō　Shin-nen-kai no o-mise wa kimarimashita ka?

Shain　Sumimasen, mada desu. Kimattara, sugu ni oshirase-shimasu.

🗨 かいわ・3
Dialogue

青木	キムさんは　この　方を　よく　ご存じなんですか。
キム	はい。よく　お世話に　なって　いる　人です。
	今度、ご紹介します。

Aoki　Kimu-san wa kono kata o yoku gozonji na n desu ka?

Kimu　Hai. Yoku osewa ni natte iru hito desu.
　　　Kondo, go-shōkai-shimasu.

かいわ・4 〈電話 Denwa〉
Dialogue

ワン　すみません。これから　研究室に　伺っても　よろしいでしょうか。

　　　ちょっと　お聞きしたい　ことが　ありまして……。

先生　そうですか。1時までなら、かまいませんよ。

ワン　ありがとうございます。では、すぐに　伺います。

Wan　　Sumimasen. Korekara kenkyū-shitsu ni ukagatte mo yoroshī deshō ka?
　　　Chotto okiki-shitai koto ga arimashite….

Sensē　Sō desu ka. Ichi-ji made nara kamaimasen yo.

Wan　　Arigatō gozaimasu. Dewa, sugu ni ukagaimasu.

かいわ・5
Dialogue

青木　高橋さんは　今、4年生ですか。

高橋　いいえ。私は　この　春に　卒業いたしました。もう　働いて　います。

青木　そうでしたか。

Aoki　Takahashi-san wa ima, yo-nensē desu ka?

Takahashi　Īe, watashi wa kono haru ni sotsugyō-itashimashita. Mō hataraite imasu.

Aoki　Sō deshita ka.

かいわ・6
Dialogue

アリ　はじめまして。

　　　わたくしは　しぶや大学の　学生で、アリと　申します。

　　　よろしく　お願いいたします。

山下　山下です。はじめまして。

Ari　　Hajimemashite.
　　　Watakushi wa Shibuya daigaku no gakusē de, Ari to mōshimasu.
　　　Yoroshiku onegai-itashimasu.

Yamashita　Yamashita desu. Hajimemashite.

❶
> お名前
> お電話番号
> ご住所

を 伺っても よろしいでしょうか。

O-namae / O-denwa bangō / go-jūsho o ukagattemo yoroshī deshō ka?

❷ 先生に
> お会い
> お尋ね

しました。

Sensē ni o-ai/o-tazune shimasita

❸ 先生を
> ご案内
> ご招待

しました。

Sensē o go-annai / go-shōtai shimashita.

❹ 明日、
> 事務所
> そちら

に 伺います。

Ashita, jimusho/sochira ni ukagaimasu.

❺ 私が
> 出席
> 用意

いたします。

Watashi ga shusseki/yōi-itashimasu

❻
> よく わからないと
> 失礼な ことを

申しました。

Yoku wakaranai to /Shitsurē na koto o mōshimashita.

ステップアップ！ Step Up

1 拝見します
haiken -shimasu

❶ 〈先生の研究室で Sensē no kenkyū-shitsu de 〉

A この 本を ちょっと 拝見しても いいですか。

B ええ、どうぞ。

A Kono hon o chotto haiken-shi temo ī desu ka?

B Ē, dōzo.

❷ お手紙を 拝見しました。ご丁寧に ありがとうございます。

O-tegami o haiken-shimashita. Go-tēnē ni arigatō gozaimasu.

❸ 〈会場の 入口で Kaijō no iriguchi de〉

恐れ入ります。 チケットを 拝見します。

Osoreirimasu. Chiketto o haiken-shimasu.

2 参ります
mairimasu

❶ 〈電話 Denwa〉

A 明日は どなたが いらっしゃいますか。

B 私と 山下が 参ります。

A Ashita wa donata ga irasshaimasu ka?

B Watashi to Yamashita ga mairimasu.

❷ 今度、そちらに ご説明に 参ります。

Kondo, sochira ni go-setsumē ni mairimasu.

❸ どちらに 参ったら いいでしょうか。

Dochira ni maittara ī deshō ka?

Unit 13

これから 研究室に 伺っても よろしいでしょうか
Korekara kenkyū-shitsu ni ukagattemo yoroshī deshō ka?

3 申し上げます
mōshiagemasu

❶ 一言 意見を 申し上げても よろしいでしょうか。
ひとこと　いけん　　もう　あ
Hitokoto iken o mōshiage temo yoroshī deshō ka?

❷ 簡単ですが、ごあいさつ申し上げます。
かんたん　　　　　　　　　もう　あ
Kantan desu ga, go-aisatsu mōshiagemasu.

❸ 今日は ぜひ、皆様に お礼を 申し上げたいと 思いました。
きょう　　　　みなさま　　れい　　もう　あ　　　　　おも
Kyō wa zehi, minasama ni orē o mōshiagetai to omoimashita.

4 おります／～て おります
orimasu　　te　orimasu

❶ 明日は ずっと 家に おります。
あした　　　　　いえ
Ashita wa zutto ie ni orimasu.

❷ おかげさまで、元気で おります。
げんき
Okagesama de geki de orimasu.

❸ 昨日の 夜は、家で テレビを 見て おりました。
きのう　よる　いえ　　　　　　み
Kinō no yoru wa, ie de terebi o mite orimashita.

❹ お返事を お待ちして おります。
へんじ　　ま
O-henji o omachi shite orimasu.

5 お～いただきます／ご～いただきます
o　itadakimasu　go　itadakimasu

❶ お知らせいただき、ありがとうございます。
し
Oshirase itadaki, arigatō gozaimasu.

❷ 本日は お誘いいただき、ありがとうございます。
ほんじつ　　さそ
Honjitsu wa osasoi-itadaki arigatō gozaimasu.

❸ いつも ご利用いただき、ありがとうございます。
りよう
Itsumo goriyō-itadaki arigatō gozaimasu.

6 〜て いただきます／〜て いただけますか／〜て いただけませんか
te itadakimasu　　te itadakemasu ka?　　te itadakemasen ka?

❶ 先生に　レポートを　見て　いただきました。
Sensē ni repōto o mite itadakimashita.

❷ 先生に　おもしろい　本を　紹介して　いただきました。
Sensē ni omoshiroi hon o shōkai-shite itadakimashita.

❸ 駅に　着いたら　お電話いただけますか。お迎えに　行きます。
Eki ni tsuitara o-denwa itadakemasu ka? Omukae ni ikimasu.

❹ すみません。ちょっと　教えて　いただけませんか。
Sumimasen. Chotto oshiete itadakemasen ka?

❺ すみません。ちょっと　手伝って　いただけませんか。
Sumimasen. Chotto tetsudatte itadakemasen ka?

れんしゅうしましょう
Let's practice

1 ことばを 入れて ください。 Kotoba o irete kudasai.

います imasu	れい）おります Rē) orimasu	行きます ikimasu	参ります mairimasu
食べます tabemasu	ちょうだいします chōdai-shimasu	飲みます nomimasu	ちょうだいします chōdai-shimasu
言います īmasu	申します mōshimasu	します shimasu	
		あげます agemasu	
来ます kimasu	うかがいます ukagaimasu	もらいます moraimasu	いただきます itadakimasu
聞きます kikimasu		見ます mimasu	

2 形を 変えて ください。 Katachi o kaete kudasai.

れい）私が かばんを（持ちます→ お持ちします）。
Rē) Watashi ga kaban o (mochimasu → omochi-shimasu)

① これから 先生に（会います→　　　　　　　　　）。
Korekara sensē ni（aimasu. →　）

② 先生、すぐに タクシーを（呼びます→　　　　　　　　　）。
Sensē, sugu ni takushī o（yobimasu →　）

③ 昨日は 部長の 引っ越しを（手伝いました→　　　　　　　）。
Kinō wa buchō no hikkoshi o（tetsudaimashita →　）

④ あのう、私が 写真を（撮りましょうか→　　　　　　　　）。
Anō, watashi ga shashin o（torimashō ka? →　）

172

3 □から ことばを えらんで、ただしい 形に して 入れて ください。

□ kara kotoba o erande, tadashī katachi ni shite irete kudasai.

れい) 今日の　午後、もう　一度、お電話（　いたします　）。

Re) Kyō no gogo, mō ichido, odenwa　　　　　　　itashimasu.

① 楽しそうな 写真を たくさん 送って いただき、ありがとう ございます。

Tanoshi sō na shashin o takusan okutte itadaki, arigatō gozaimasu.

これから　ゆっくり（　　　　　　　　　　）。

Korekara yukkuri

② 明後日の　午前中に そちらに（　　　　　　　　）たいと

Asatte no gozenchū ni sochira ni　　　　　　　　　tai to

思いますが、よろしいでしょうか。

omoimasu ga, yoroshī deshō ka?

③ わたくしから　一言　ごあいさつ（　　　　　　　　　　）。

Watakushi kara hitokoto go-aisatsu

④ 明日は　試験なので、今日は　これから　ずっと　図書館に

Ashita wa shiken na node, kyō wa korekara zutto toshokan ni

（　　　　　　　　　）。

いたします	申し上げます	拝見します	おります	うかがいます
itashimasu	mōshiagemasu	haiken-shimasu	orimasu	ukagaimasu

4 形を 変えて ください。 Katachi o kaete kudasai.

れい) A はじめまして、田中です。お名前を うかがっても いいですか。

Re) Hajimemashite, Tanaka desu. O-namae o ukagatte mo ī desu ka?

B アリと いいます → アリと 申します 。

Ari to ī masu. Ari to mōshimasu.

① A お国は どちらですか。

O-kuni wa dochira desu ka?

B インドネシアから 来ました→ _____ 。

Indoneshia kara kimashita.

② A コーヒー、いかがですか。

Kōhī, ikaga desu ka?

B はい、のみます。 → _____ 。

Hai, nomimasu.

③ 〈アルバイトの 店で Arubaito no mise de〉

A じゃ、明日から がんばって ください。よろしくね。

Ja, ashita kara ganbatte kudasai. Yoroshiku ne.

B よろしく お願いします。 → _____ 。

Yoroshiku onegai-shimasu.

④ A 社長から その 話について 聞いた？

Shachō kara sono hanashi nitsuite kīta?

B はい、聞きました。 → _____ 。

Hai, kikimashita.

5 形を 変えて ください。 Katachi o kaete kudasai.

れい） A 台風が 来て いるので、飛行機を やめて 新幹線に する
かもしれません。

Re） Taifū ga kite iru node, hikōki o yamete shinkansen ni suru kamoshiremasen.

B わかりました。飛行機を キャンセルする 場合は、すぐに
（連絡します→ ご連絡 ） ください。
Wakarimashita. Hikōki o kyanseru-suru bāi wa, sugu ni
(renraku-shimasu → go-renraku) kudasai.

① A すみません、この ペン、お借りしても よろしいでしょうか。
Sumimasen, kono pen, okari shi temo yoroshī deshō ka?

B どうぞ、ご自由に （使います→ ） ください。
Dōzo, gojiyū ni (tsukaimasu →) kudasai.

② 〈空港で Kukō de〉
A すみません、まだ 間に 合いますか。
Sumimasen, mada ma ni aimasu ka?

B 出発まで あと 10分ですので、（急ぎます→ ）
ください。
Shuppatsu made ato ju-ppun desu node, (isogimasu →)kudasai.

③ A この ボタンを 押すと、切符が 出ますよ。
Kono botan o osu to, kippu ga demasu yo.

B （説明します→ ） いただき、ありがとう ございました。
(Setsumē-shimasu →) itadaki, arigatō gozaimashita.

④ A ここの 場所、すぐに わかりましたか。
Koko no basho, sugu ni wakarimashita ka?

B わからなかったので、受付の 人に
（案内します→ ） ました。
Wakaranakatta node, uketsuke no hito ni (annai-shimasu →) mashita.

6 □から ことばを えらんで、ただしい 形に して 入れて ください。
□ kara kotoba o erande, tadashī katachi ni shite irete kudasai.

れい) A 今日は どうやって いらっしゃいましたか。
Rē） Kyō wa dō yatte irasshaimashita ka?

B 電車で （まいりました）。
Densha de mairimashita.

① A ワンさんは いつ 大学を ご卒業に なりましたか。
Wan-san wa itsu daigaku o go-sotsugyō ni narimashita ka?

B 去年、卒業 （　　　　　　　　　　　）。
Kyonen, sotsugyō

② A 大学の 先生とは 今でも お会いに なりますか。
Daigaku no sensē towa ima demo oai ni narimasu ka?

B はい。明日も 先生の 研究室へ （　　　　　　　　　） 予定です。
Hai. Ashita mo sensē no kenkyū-shitsu e　　　　　　yotē desu.

③ A お茶を もう 一杯 いかがですか。
Ocha o mō i-ppai ikaga desu ka?

B いえ、もう 十分 （　　　　　　　　　） ので、結構です。
Ie, mō jūbun　　　　　　　　node, kekkō desu.

④ A 気を つけて お帰りください。
Ki o tsukete o-kaeri kudasai.

B はい。今日は （　　　　　　　　　） いただき、
Hai. Kyō wa　　　　　　　　itadaki,

ありがとう ございました。
arigatō gozaimashita.

まいります	うかがいます	いたします	招待します	いただきます
mairimasu	ukagaimasu	itashimasu	shōtai-shimasu	itadakimasu

① A メールを 拝見しました。楽しそうな 会に ご案内いただき、ありがとうございます。

B いいえ。いかがですか、ご都合は？

A はい。まだ、はっきり しないのですが、できれば 伺いたい と 思って おります。

B 承知しました。お忙しいと 思いますが、ぜひ、お越しください。

A はい。ありがとうございます。

A Mēru o haiken itashimashita. Tanoshisō na kai ni goannai itadaki, arigatō gozaimasu.

B Īe. Ikaga desu ka, go-tsugō wa?

A Hai. Mada hakkiri shinai no desuga, dekireba ukagaitai to omotte orimasu.

B Shōchi-shimashita. Oisogashī to omoimasu ga, zehi, okoshi kudasai.

A Hai. Arigatō gozaimasu.

② 先生 ごめんなさい。電車が 止まって しまって、30分くらい 遅れそうです。

ワン わかりました。では、駅ビルの 1階の 本屋に おりますので、そちらに 来て いただけますか。

先生 本屋ですね。わかりました。

Sensē Gomennasai. Densha ga tomatte shimatte, sanju-ppun kurai okure sō desu.

Wan: Wakarimashita. Dewa, eki-biru no i-kkai no hon-ya ni orimasu node, sochira ni kite itadakemasu ka?

Sensē Hon-ya desu ne. Wakarimashita.

Unit
13

これから 研究室に 伺っても よろしいでしょうか
Korekara kenkyū-shitsu ni ukagattemo yoroshī deshō ka?

❸ アリ　　　すみません。初めてなんですが……。

受付　　　こちらに　お名前と　ご住所、それから、お電話番号を　お書き
うけつけ　　　　　なまえ　　　じゅうしょ　　　　　　　　　てんわばんごう　　　　　　か

　　　　　ください。

アリ　　　わかりました。・・・お願いします。
ねが

受付　　　では、おかけに　なって、しばらく　お待ちください。
うけつけ　　　　　　　　　　　　　　　　　　　　ま

アリ　　　はい。

Ari　　　　　Sumimasen. Hajimete na n desu ga…·.

Uketsuke　　Kochira ni o-namae to go-jūsho, sorekara, o-denwa bangō o okaki

　　　　　　kudasai,

Ari　　　　　Wakarimashita. …·.Onegai-shimasu.

Uketsuke　　Dewa, okake ni natte shibaraku omachi kudasai.

Ari　　　　　Hai.

あたらしい ことば
New words and expressions

伺います うかが	ukagaimasu	The humble form of「聞きます」「(相手の家 や会社などに) 行きます」	từ khiêm nhường của ききます, 行きます (khi đến nhà hoặc công ty của đối phương)
拝見します はいけん	haiken-shimasu	The humble form of「見ます」	từ khiêm nhường của 見ます
申します もう	mōshimasu	The humble form of「言います」	từ khiêm nhường của 言います
申し上げます もう あ	mōshiagemasu	The humble form of「言います」 ※ Compared to「申します」, this phrasing further clarifies the differences in rank and respect given between individuals.	từ khiêm nhường của 言います ※ so với 申します thì là cách nói thể hiện rõ ràng sự tôn trọng và quan hệ trên dưới
参ります まい	mairimasu	The humble form of「行きます」	từ khiêm nhường của 行きます
差し上げます さ あ	sashiagemasu	The humble form of「あげます」	từ khiêm nhường của あげます
おります	orimasu	The humble form of「います」	từ khiêm nhường của います
失礼します しつれい	shitsurē-shimasu	excuse me	thất lễ
新年会 しんねんかい	shinnen-kai	New Year's party	tiệc năm mới
決まります き	kimarimasu	decide on	đã quyết
知らせます し	shirasemasu	inform	thông báo
お世話になります せ わ	o-sewa ni narimasu	A set phrase used to convey thanks to someone for their relationship with you.	câu nói cố định để truyền tải sự biết ơn trong mối quan hệ với đối phương
かまいません	kamaimasen	that is fine	không vấn đề gì
尋ねます たず	tazunemasu	inquire	hỏi thăm
事務所 じ む しょ	jimusho	office	văn phòng
ていねいな	tēnē na	polite	lịch sự, lễ phép
恐れ入ります おそ い	osoreirimasu	Excuse meAn expression used to convey feelings of gratitude or embarrassment to someone.	xin thất lễ, là cách nói truyền tải
皆様 みなさま	minasama	「皆さん」の ていねいな 言い方。 みな い かた	
おかげさまで	okagesamade	thanks to you	ơn trời
誘います さそ	sasoimasu	invite	mời
自由に じ ゆう	jiyū ni	freely	tự do
承知しました しょうち	shōchi-shimasu	「わかりました」の ていねいな 言い方。 い かた	

ふくしゅうノート 📝

Review Notes　Sổ tay ôn tập

■ お（ます形）／ご（名詞）〜します

An expression that lowers the speaker's actions to indicate respect for a speaker or a person being spoken about.

　　Example 1: わたくしが 工場を ご案内します。(Allow me to hold your bags, Sensei.)
　　　　　　　　　こうじょう　　あんない

　　Example 2: 先生、お荷物を お持ちします。(Allow me to show you the factory.)
　　　　　　　せんせい　にもつ　　　も

■ お（ます形）／ご（名詞）〜ください

An expression of respect used when wanting someone to perform some sort of act.

　　Example 1: この 中から お一つ お選びください。(Please choose one from these.)
　　　　　　　　　なか　　　　　えら

　　Example 2: 10時 出発ですので、そろそろ ご準備ください。(We leave at 10, so please get ready soon.)
　　　　　　　じ　しゅっぱつ　　　　　　　　　　じゅんび

- -

■ お（ます形）／ご（名詞）〜します

Cách nói thể hiện sự tôn kính với người nghe và người được nhắc đến, hạ thấp hành động của bản thân người nói.

　　Ví dụ 1: わたくしが 工場を ご案内します。(Thầy để em cầm đồ cho ạ.)
　　　　　　　　　こうじょう　　あんない

　　Ví dụ 2: 先生、お荷物を お持ちします。(Tôi xin giới thiệu nhà xưởng.)
　　　　　　せんせい　にもつ　　　も

■ お（ます形）／ご（名詞）〜ください

Là cách nói tôn kính sử dụng khi yêu cầu một hành động nào đó từ đối phương.

　　Ví dụ 1: この 中から お一つ お選びください。(Quý vị hãy chọn 1 trong chỗ này.)
　　　　　　　　　なか　　　　　えら

　　Ví dụ 2: 10時 出発ですので、そろそろ ご準備ください。(10h chúng ta sẽ xuất phát nên quý vị hãy chuẩn bị đi ạ.)
　　　　　　じ　しゅっぱつ　　　　　　　　　　じゅんび

■ お（ます形）／ご（名詞）〜します

話し手自身の行為を低くくして、聞き手や話題の人に対して敬意を表す表現です。

　　れい1）わたくしが工場をご案内します。

　　れい2）先生、お荷物をお持ちします。

■ お（ます形）／ご（名詞）〜ください

相手に何かの行為をすることを求めるときに使う尊敬の表現です。

　　れい1）この中からお一つお選びください。

　　れい2）10時出発ですので、そろそろご準備ください。

がくしゅうの しりょう

Learning Materials

Tài liệu học tập

ぶんけい さくいん

Index of sentence patterns
Mục lục/tra cứu mẫu câu

		ユニット
Aさ	A-sa	9
受身 うけみ		7
[疑問詞]＋〜か ぎもんし	ka	6
[疑問詞]＋でも ぎもんし	demo	8
使役 しえき		8
[文]＋か ぶん	[文]＋ka ぶん	6
いかが	ikaga	4
いたします	itashimasu	13
いただきます	itadakimasu	4
いらっしゃいます	irasshaimasu	12
〜(よ)う	〜yō/ō	1
〜(よ)う＋と 思います おも	〜yō/ō to omoimasu	1
うかがいます	ukagaimasu	13
お〜	o〜	4
お〜ください	o〜kudasai	12
お〜します	o〜shimasu	13
お〜に なります	o〜ni narimasu	12
お越しに なります こ	okoshi ni narimasu	12
おっしゃいます	osshaimasu	12
[音・におい] が おと します	ga shimasu	10
〜か どうか	〜ka dōka	6
〜から／〜で [材料] さいりょう	〜kara / 〜de	7
くださいます	kudasaimasu	4
こう・そう・ああ	kō, sō, ā	1

こちら・そちら ・あちら	kochira, sochira, achira	4
ご〜	go〜	4
ご〜ください	go〜kudasai	12
ご〜します	go〜shimasu	13
ご〜に なります	go〜ni narimasu	12
ございます	gozaimasu	4
ご存じです ぞん	gozonji desu	12
〜ことに する	〜koto ni suru	5
〜ことに なる	〜koto ni naru	5
ご覧に なります らん	goran ni narimasu	12
差し上げます さ あ	sashiagemasu	4, 13
〜(さ)せて ください [許可] きょか	〜(sa)sete kudasai	8
〜すぎます	〜sugimasu	9
〜そうです [伝聞] でんぶん	〜sō desu	11
〜たばかりです	〜ta bakari desu	10
〜たまま	〜ta mama	7
〜ために [目的] もくてき	〜tame ni	2
〜って	〜tte	6
〜つもりです	〜tsumori desu	1
〜て／ないで [付帯状況] ふたいじょうきょう	〜te/nai de	2
〜て＋いただきます	〜te itadakimasu	8
〜て あげます	〜te agemasu	3
〜て くれます	〜te kuremasu	3

182

~て みます	~ te mimasu	2
~て もらいます	~ te moraimasu	3
~て やります	~ te yarimasu	3
~て 行きます	~ te ikimasu	2
~て 来ます	~ te kimasu	2
~で ございます	~ de gozaimasu	4
~でしょう [確認]	~ deshō?	4
~と 言います [間接引用]	~ to īmasu	1
~と 言われて います	~ to iwarete imasu	7
~とおりに	~ tōri ni	5
~ところです	~ tokoro desu	10
どなた	donate	4
~なきゃ	~ nakya	9
~なくなります	~ naku narimasu	10
なさいます	nasaimasu	12
~なら [仮定]	~ nara	5
~なら [助言]	~ nara	5
何て	nan te	6
何と	nan to	6
~に [用途]	~ ni	2
~にくいです	~ nikui desu	9
~のに [逆接]	~ noni	3
~のに [目的]	~ noni	2
~のは / のが / のを / のも	~ no wa / no ga / no o / no mo	8
~の まま	~ no mama	7
~ば [仮定]	~ ba	5

~場合は	~ bāi wa	11
拝見します	haiken-shimasu	13
~始めます	~ hajimemasu	10
~はずです	~ hazu desu	11
~ほど ~ない	~ hodo ~ nai	9
参ります	mairimasu	13
召し上がります	meshiagarimasu	12
申し上げます	mōshimasu	13
申します	mōshimasu	13
~やすいです	~ yasui desu	9
やります	yarimasu	4
~(よ)う	~ yō/ō	1
~ようです	~ yō desu	11
~(よ)う＋と 思います	~ yō/ō to omoimasu	1
~ように なります	~ yō ni narimasu	10
~予定です	~ yotē desu	1
よろしい	yoroshī	4
~られる	~ rareru	12
~れる	~ reru	12

183

さくいん①（ひらがな・カタカナ）

Index ① (Hiragana/Katakana)　　Chỉ số ① (Hiragana / Katakana)

※あいうえお順　あいうえお order ／ Đặt hàng あいうえお

あ　　　　　ユニット

あいさつ	3
あいします	7
アニメ	2
いけん	8
いらっしゃいます	12
いろえんぴつ	7
うかがいます	13
うごきます	11
うすい	9
うちゅう	2
うつくしい	9
うまれます	5
うれます	5
えいぎょうぶ	4
えさ	4
Mサイズ	4
えらびます	7
おおぜい	8
おかげさまで	13
おこしになります	12
おこないます	7
おしょうがつ	1
おせわになります	13
おそれいります	13
おっしゃいます	12
おどります	5
おもちゃ	3
おります［いえに］	13

か

かいぎしつ	3
かきます［描］	7
かけます［いすに］	12
かしこまりました	4
かたい［パンが］	9
かちます	11
かまいません	13
かんじます	7
かんばん	6
きまります	13
きめます	6
ぎゅうどん	6
くさい	5
くさります	9
くつした	9
くばります	7
クリーニングや	5
くわしい	6
けいけん	12
けいさつ	11
けします	7
けっこんしき	1
けんきゅうしつ	12
こいびと	3
こうつうじこ	11
コート	2
こしょうします	5
ごぞんじです	12

こめ	7
ごらんになります	12
こわい	9
コンタクト（レンズ）	9

さ

さしあげます	13
さそいます	13
さんかします	4
しかります	7
しつれいします	13
しまった。	8
しみん	5
じむしょ	13
しゅうかん［習慣］	12
しゅうしょく	3
じゆうに	13
しゅみ	7
しょうたいします	3
しょうちしました	13
しょうひん	1
しょうゆ	2
ジョギング	1
しらせます	13
しんねんかい	13
しんぶんきしゃ	5
すいぞくかん	5
すもう	12
スリ	7

た

たいかい	7
たいがくします	5
たおれます	9
たすかります	3
たずねます	13
たてます［建］	7
たのみます	7
たべほうだい	9
ためます	2
ダンス	5
だんせい	4
ちゅういします	7
ちょうし	1
ちょうだいします	8
ちょきんします	2
つごう	4
つれていきます	3
ていきゅうび	9
ていねいな	13
てつだいます	3
でます［でんわに］	3
てんちょう	7
とうちゃくします	12

セ

セーター	9
せつめいします	4
せなか	7
セミナー	1

ドーナツ・・・・・・・・・・・・ 9
とくべつ・・・・・・・・・ 11
ドライブ・・・・・・・・・・・ 5
ドライヤー・・・・・・・・・ 5
とります［しゃしん］・ 1

な
なおします［直］・・・・・ 3
なくなります［亡］・ 12
なさいます・・・・・・・ 12
なみ［並］・・・・・・・・・ 6
ならいます・・・・・・・・・ 5
におい・・・・・・・・・・・・ 5
ぬすみます・・・・・・・・ 7

は
ばあい・・・・・・・・・・ 11
はいけんします・・・・ 13
はいしゃ・・・・・・・・・・ 5
〜はく［泊］・・・・・・・ 8
パスワード・・・・・・・・ 5
はブラシ・・・・・・・・・・ 9
はれます［晴］・・・・・ 5
ハンカチ・・・・・・・・・・ 2
はんぶん・・・・・・・・・・ 7
ぴったり・・・・・・・・・・ 4
ひょう・・・・・・・・・・ 12
ふくろ・・・・・・・・・・・・ 2
ぶっか・・・・・・・・・・・・ 9

ふとります・・・・・・・・ 9
ふみます・・・・・・・・・・ 7
ふります［あめ］・・・・ 3
ふろしき・・・・・・・・・・ 2
フロント・・・・・・・・・・ 4
べつの・・・・・・・・・・・・ 5
ほうりつ・・・・・・・・・・ 7
ボーナス・・・・・・・・・・ 2
ほね・・・・・・・・・・・・・・ 9
ほめます・・・・・・・・・・ 7
ほんじつ・・・・・・・・・・ 9

ま
まいあさ・・・・・・・・・・ 1
まいります・・・・・・・ 13
まったく・・・・・・・・・・ 9
まっちゃ・・・・・・・・・・ 4
まにあいます・・・・・・・ 9
まんいん・・・・・・・・・・ 7
マンション・・・・・・・・ 5
みせます・・・・・・・・ 2,3
みなさま・・・・・・・・ 13
ミルク・・・・・・・・・・・・ 2
むかいます・・・・・・・ 10
むかし・・・・・・・・・・・・ 7
むりな・・・・・・・・・・・・ 5
めしあがります・・・・ 12
めんせつ・・・・・・・・・・ 7
もうしあげます・・・・ 13

もうします・・・・・・・ 13

や
〜や［屋］・・・・・・・・ 11
やきゅう・・・・・・・・・ 11
やせます・・・・・・・・・・ 2
やちん・・・・・・・・・・・・ 9
やぶれます・・・・・・・・ 9
ゆうしょう・・・・・・・・ 7
ゆしゅつします・・・・・ 7
ゆっくり・・・・・・・・・・ 1
よごします・・・・・・・・ 7
よびます・・・・・・・・・・ 6
ら・・・・・・・・・・・・・・・・・・
リーダー・・・・・・・・・・ 7
りゅうがく・・・・・・・・ 1
るす・・・・・・・・・・・・ 11
れいぞうご・・・・・・・・ 9

わ
わたします・・・・・・・・ 7
わらいます・・・・・・・・ 3
われます・・・・・・・・・・ 9

さくいん② （ローマ字）

Index ② (Roman letters) Chỉ số ② (Chữ cái La Mã)

※アルファベット順 Alphabetical order ／ Thứ tự chữ cái

A

ユニット

aisatsu 3
aishimasu 7
anime.......................... 2

B

bāi 11
betsu no 10
bōnasu 2
bukka 9

C

chōdai-shimasu 8
chokin-shimasu............ 2
chōshi 1
chūi-shimasu 7

D

dansē 4
dansu 10
demasu [denwa ni~] ... 3
dōnatsu...................... 9
doraibu....................... 5
doraiyā....................... 5

E

ēgyō-bu...................... 4
emu-saizu 4
erabimasu.................... 7
esa 4

F

fukuro......................... 2

fumimasu [ame ga~] . 7
furonto [hoteru]........... 4
furoshiki 2
futorimasu................... 9

G

goran ni narimasu........ 9
gozonji desu 9
gyūdon........................ 6

H

haburashi 9
haiken-shimasu 13
haisha 5
~haku ［泊］ 8
hanbun....................... 7
hankachi 2
haremasu ［晴］........... 5
homemasu 7
hone 9
honjitsu 9
hōritsu 7
hyō 9

I

iken 8
irasshaimasu 12
iroenpitsu 7

J

jimusho 13
jiyū ni 13
jogingu 1

K

kachimasu 11
kaigi-shitsu................. 3
kakemasu [isu ni~] 9
kakimasu [e o~] 7
kamaimasen 13
kanban....................... 6
kanjimasu 7
kashikomarimashita 4
katai [~pan] 9
kēken 9
kekkon-shiki 1
kenkyū-shitsu.............. 9
kēsatsu 11
keshimasu 7
kimarimasu 13
kimemasu 6
koibito 3
kome 7
kontakuto (renzu)........ 9
koshō-shimasu 10
kōto 2
kōtsū-jiko 11
kowai 9
kubarimasu 7
kurīningu-ya 5
kusai 10
kusarimasu 9
kutsushita 9
kuwashī 6

M

ma ni aimasu 9

maccha 4
maiasa 1
mairimasu 13
man'in 7
manshon 5
mattaku...................... 9
mensetsu 7
meshiagarimasu 9
minasama 13
miruku 2
misemasu 2
misemasu 3
mōshiagemasu 13
mōshimasu 13
mukaimasu 10
mukashi 7
muri na....................... 5

N

nakunarimasu ［亡］..... 9
nami ［並］ 6
naoshimasu ［直］ 3
naraimasu 10
nasaimasu 9
nioi 10
nusumimasu 7

O

odorimasu 10
okagesamade 13
okonaimasu 7
okoshi ni narimasu....... 9
omocha...................... 3

orimasu ★ 3

orimasu ［ie ni］.......... 13

o-sewa ni narimasu ... 13

o-shōgatsu.................. 1

osoreirimasu.............. 13

osshaimasu 9

ōzē............................. 8

P

pasuwādo 5

pittari........................... 4

R

rēzōko......................... 9

rīdā 7

rusu........................... 11

ryūgaku....................... 1

S

sanka-shimasu 4

sashiagemasu 13

sasoimasu 13

seminā 1

senaka......................... 7

sētā............................ 9

setsumē-shimasu 4

shikarimasu 7

Shimatta. 8

shimin 5

shinbun-kisha 5

shinnen-kai 13

shirasemasu 13

shitsurē-shimasu 13

shōchi-shimasu.......... 13

shōhin 1

shōtai-shimasu 3

shōyu 2

shūkan ［習慣］ 9

shumi 7

shūshoku 3

suizokukan.................. 5

sumō........................... 9

suri............................. 7

T

tabe-hōdai.................. 9

taigaku-shimasu 5

taikai 7

tamemasu................... 2

tanomimasu 7

taoremasu................... 9

tasukarimasu 3

tatemasu ［建］............ 7

tazunemasu 13

teinē na..................... 13

tēkyūbi 9

tenchō......................... 7

tetsudaimasu 3

tōchaku-shimasu 9

tokubetsu (ni)............. 11

torimasu ［shashin o］... 1

tsugō........................... 4

tsureteikimasu 3

U

uchū............................. 2

ugokimasu 11

ukagaimasu 13

umaremasu................ 10

uremasu....................... 5

usui............................. 9

utsukushī 9

W

waraimasu 3

waremasu 9

watashimasu............... 7

Y

~ya ［屋］................... 11

yaburemasu................ 9

yachin 9

yakyū 11

yasemasu 2

yobimasu 6

yogoshimasu 7

yukkuri 1

yūshō........................... 7

yushutsu-shimasu........ 7

「初級３」のふくしゅう

Beginner Level 3 Review
Ôn tập "sơ cấp 3"

モデル文
Model Sentences／câu văn mẫu

Unit 1

□1 アリさん、さしみは 好きですか。
Ari-san, sashimi wa suki desu ka?

□2 ここから 駅まで 歩いて 10分で 行けますか。
Koko kara eki made aruite jup-pun de ikemasu ka?

□3 クレジットカードで 払えますか。
Kurejittokādo de haraemasu ka?

□4 この 資料は どこで 見られますか。
Kono shiryō wa doko de miraremasu ka?

　　──大学の 図書館で 見られますよ。
Daigaku no toshokan de miraremasu yo.

□5 彼女は 日本語を 話す ことが できます。
Kanojo wa nihongo o hanasu koto ga dekimasu.

□6 20歳以上の 人は、お酒を 飲めます。
Nijjus-sai ijō no hito wa, o-sake o nomemasu.

□7 12歳以下の 子どもは、無料で 入れます。
Jūni-sai ika no kodomo wa, muryō de hairemasu.

□8 仕事が 多くて、なかなか 終わりません。
Shigoto ga ōkute, nakanaka owarimasen.

Unit 2

□1 旅行の 写真、見る？
Ryokō no shashin, miru?

　　──うん、見る。
Un, miru.

□2 今日の 午後、どこか 行く？
Kyō no gogo, dokoka iku?

□3 もしもし、マイカさん、元気？
Moshimoshi, Maika-san, genki?

□4 コーヒー、飲みます？
Kōhī, nomimasu?

　　──はい。ありがとうございます。
Hai, arigatōgozaimasu.

□5 これ、何？
Kore, nani?

□6 今、何時？
Ima, nan-ji?

□7 あの 人、だれ？
Ano hito dare?

□8 この コーヒー、どう？
Kono kōhī, dō?

Unit 3

□1 ニュースを 見て、びっくりしました。
Nyūsu o mite, bikkuri-shimashita.

　　──わたしもです。
Watashi mo desu.

☐2 どうでしたか。ありましたか。
Dō deshita ka? Arimashita ka?

──かぎが かかっていて、中に
入れませんでした。
Kagi ga kakatte ite, naka ni
hairemasen deshita.

☐3 まだ 頭が 痛いですか。
Mada atama ga itai desu ka?

☐4 きょうは 朝から ずっと 仕事を
して、疲れました。
Kyō wa asa kara zutto shigoto o shite,
tsukaremashita

──大変ですね。
Taihen desu ne.

☐5 先生に 会えなくて、残念です。
Sensē ni aenakute, zannen desu.

☐6 東京は いつごろから 寒くなりますか。
Tōkyō wa itsu goro kara samuku narimasu
ka?

☐7 最初は なっとうが 苦手でしたが、
今は 好きに なりました。
Saisho wa nattō ga nigate deshita ga, ima
wa suki ni narimashita.

☐8 妹は 4月から 大学生に なります。
Imōto wa, shi-gatsu kara daigakusē ni
narimasu.

☐9 わたしは 週に 2回、プールに 行っ
て います。
Watashi wa shū ni ni-kai, pūru ni itte imasu.

Unit 4

☐1 気に入りましたか。
Ki ni irimashita ka?

☐2 Dランドに 行くのは 初めてですか。
Dī rando ni iku no wa hajimete desu ka?

──はい。前から 行きたかったので、
すごく 楽しみです。
Hai. Mae kara ikitakatta node, sugoku
tanoshimi desu.

☐3 日曜日は 何を しますか。
Nichiyōbi wa nani o shimasu ka?

──来週 テストがあるので、勉強し
ます。
Raishū tesuto ga aru node, benkyō-
shimasu.

☐4 山に 登ったり しましたか。
Yama ni nobottari shimashita ka?

☐5 会社の 窓から、東京スカイツリーが
見えます。
Kaisha no mado kara, Tōkyō Sukaitsurī ga
miemasu.

☐6 字が 小さくて、よく 見えません。
Ji ga chīsakute, yoku miemasen.

☐7 入口の ところに たなか先生が いま
すね。
Iriguchi no tokoro ni Tanaka sensē ga
imasu ne.

☐8 となりの 部屋から 音楽が 聞こえます。
Tonari no heya kara ongaku ga kikoemasu.

Unit 5

☐1 駅まで どうやって 行きますか。
Eki made dōyatte ikimasu ka?

──暑いし、ちょっと 遠いし、
タクシーで 行きましょう。
Atsui shi, chotto tōi shi, takushī de
ikimashō.

☐2 いい かばんですね。
Ī kaban desu ne.

──はい。丈夫だし、便利だし、気に
入って ます。
Hai. Jōbu da shi, benri da shi, ki ni itte
imasu.

☐3 朝から パソコンが 全然 動きません。
Asa kara pasokon ga zenzen ugokimasen.

──困りましたね。修理を した
ほうが いいですね。
Komarimashita ne. Shūri o shita hōga ī
desu ne.

□4 この 本屋は、すわって 読めるし、カフェも あるから、よく 利用します。

Kono hon-ya wa, suwatte yomeru shi, kafe mo aru kara, yoku riyō-shimasu.

□5 母と いっしょに 温泉へ 行きました。

Haha to issho ni onsen e ikimashita.

□6 友だちと いっしょに よく この 公園に 来ます。

Tomodachi to issho ni yoku kono kōen ni kimasu.

□7 みそ汁は おいしいだけじゃなく、けんこうにも いいです。

Misoshiru wa oishī dake ja naku, kenkō ni mo ī desu.

□8 あの 歌手は 日本だけじゃなく、アジアの 国々でも 人気が あります。

Ano kashu wa Nihon dake ja naku, Ajia no kuniguni demo ninki ga arimasu.

Unit 6

□1 チケットが 要りますね。

Chiketto ga irimasu ne.

──もう 買って ありますよ。

Mō katte arimasu yo.

□2 アルバイトを やめる ことを お店に 伝えましたか。

Arubaito o yameru koto o o-mise ni tsutaemashita ka?

──はい。もう、言って あります。

Hai. Mō, itte arimasu.

□3 そこの 机の 上に 置いて あります。

Soko no tsukue no ue ni oite arimasu.

□4 今度の 会議に 社長も 出席しますか。

Kondo no kaigi ni shachō mo shusseki-shimasu ka?

──わかりません。会議までに 確認して おきます。

Wakarimasen. Kaigi made ni kakunin-shite okimasu.

□5 いくらで 利用できるか 調べて おいて ください。

Ikura de riyō-dekiru ka, shirabete oite kudasai.

□6 すべらない ように、気をつけて ください。

Suberanai yō ni, ki o tsukete kudasai.

□7 できるだけ 安く する ように します。

Dekiru dake yasuku suru yō ni shimasu.

□8 時間に 遅れない ように して ください。

Jikan ni okurenai yō ni shite kudasai.

□9 電車に 乗って いる 間、スマホで ニュースを 見ます。

Densha ni notte iru aida, sumaho de nyūsu o mimasu.

Unit 7

□1 もっと ボールを よく 見ろ！

Motto bōru o yoku miro!

□2 待て！ まだ 電話しない ほうが いい。

Mate! Mada denwa-shinai hō ga ī.

□3 気を つけて ください。あそこに 「危険！ さわるな！」と 書いて あります。

Ki o tsukete kudasai. Asoko ni "Kiken! Sawaru na!" to kaite arimasu.

──わかりました。

Wakarimashita.

□4 写真を とるから、そこに 並んで。

Shashin o toru kara, soko ni narande.

□5 もう 遅いから、帰りなさい。

Mō osoi kara, kaerinasai.

□6 じゃ、明日までに レポートを 出す ように。いい？

Ja, ashita made ni repōto o dasu yō ni. Ī?

□7 名前は、ここに 書いて ください。

Namae wa, koko ni kaite kudasai.

□8 お昼は、もう 食べましたか。
O-hiru wa, mō tabemashita ka?

——いいえ。まだです。
Īe, mada desu.

Unit 8

□1 あ、あの ケーキ、おいしそう。
A, ano kēki, oishi sō.

——ほんとだ。
Honto da.

□2 この 本は どうですか。かんたんそうですよ。
Kono hon wa dō desu ka? Kantan sō desu yo.

□3 すみません。電車が 止まって しまって、10分くらい おくれそうです。
Sumimasen. Densha ga tomatte shimatte, jup-pun kurai okure sō desu.

□4 道が こんで いる ようですね。
Michi ga konde iru yō desu ne.

□5 山田さんは 今日、練習に 来ましたか。
Yamada-san wa kyō, renshū ni kimashita ka?

——いいえ。まだ 風邪が よく 治って いない ようです。
Īe. Mada kaze ga yoku naotte inai yō desu.

□6 夕飯は カレーの ようです。
Yūhan wa karē no yō desu.

□7 今日の ような 天気の いい 日は、外で お弁当を 食べたいですね。
Kyō no yō na tenki no ī hi wa, soto de o-bentō o tabetai desu ne.

□8 今日は 風が すごく 強いですね。
Kyō wa kaze ga sugoku tsuyoi desu ne.

——ええ。台風みたいな 天気ですね。
Ē. Taifū mitai na tenki desu ne.

Unit 9

□1 どうしましたか。
Dō shimashita ka?

——ちょっと ねつが あるんです。
Chotto netsu ga aru n desu.

□2 どうして ちこく したんですか。
Dō shite chikoku-shita n desu ka?

——バスが おくれたんです。
Basu ga okureta n desu.

□3 髪、切ったんですか。
Kami, kitta n desu ka?

□4 本当に ここ なんですか。
Hontō ni koko na n desu ka?

□5 もう できたんですか。早いですね。
Mō dekita n desu ka? Hayai desu ne.

□6 すみません、ちょっと 寒いんですが…。
Sumimasen, chotto samui n desu ga....

□7 あのう、この 漢字の 読み方が わからないんですが…。
Anō, kono kanji no yomi kata ga wakaranai n desu ga....

□8 帰国するんですか。
Kikoku-suru n desu ka?

——ええ。父が けがで 入院したんです。
Ē. Chichi ga kega de nyūin-shita n desu.

□9 ホテルは 静かで、よく 眠れました。
Hoteru wa shizuka de, yoku nemuremashita.

Unit 10

□1 どうした んですか。
Dō shita n desu ka?

——財布を なくして しまったんです。
Saifu o nakushite shimatta n desu.

□2 すみません！ おりる 駅を 間違えて
しまいました。15分くらい 遅れる
と 思います。

Sumimasen! Oriru eki o machigaete
shimaimashita. Jūgo-fun kurai okureru to
omoimasu.

□3 さくらさんに 借りた 本は、もう 全
部 読んで しまいました。

Sakura-san ni karita hon wa, mō zenbu
yonde shimaimashita.

□4 パソコンが こわれて しまいました。

Pasokon ga kowarete shimaimashita.

□5 スープを 作る ときに、さとうと しお
を まちがえて 入れちゃったんです。

Sūpu o tsukuru toki ni, satō to shio o
machigaete irechatta n desu.

□6 簡単な 仕事なので、1時間で 終わっ
ちゃうと 思います。

Kantan na shigoto na node, ichi-jikan de
owacchau to omoimasu.

□7 もう ホテルを 予約しましたか。

Mō hoteru o yoyaku-shimashita ka?

——いいえ、まだ 予約して いません。
これから ネットで 探します。

Īe, mada yoyaku-shite imasen.
Korekara netto de sagashimasu.

□8 きょうの 仕事は もう 終わりました
か。

Kyō no shigoto wa mō owarimashita ka?

——いいえ、まだ 終わって いません。
あと 少しです。

Īe, mada owatte imasen. Ato sukoshi
desu.

Unit 11

□1 ここを 押すと、お湯が 出ますよ。

Koko o osu to, o-yu ga demasu yo.

□2 やっぱり 駅が 近いと 便利です。

Yappari eki ga chikai to benri desu.

□3 朝 起きたら、まず、何を しますか。

Asa okitara, mazu, nani o shimasu ka?

□4 迎えに 行きますから、駅に 着いた
ら 電話して ください。

Mukae ni ikimasu kara, eki ni tsuitara
denwa-shite kudasai.

□5 もう 少し 安かったら、買いたいです。

Mō sukoshi yasukattara, kaitai desu.

□6 物を なくした ときは、どう したら
いいですか。

Mono o nakushita toki wa, dō shitara ī desu
ka?

——近くの 交番に 行くと いいですよ。

Chikaku no kōban ni iku to ī desu yo.

□7 少し 休んだら どうですか。

Sukoshi yasundara dō desu ka?

□8 知らない 人と うまく 会話できない
んです。

Shiranai hito to umaku kaiwa-dekinai n
desu.

——レストランで アルバイトを し
たら どうですか。

Resutoran de arubaito o shitara dō
desu ka?

□9 この 店には よく 友だちと 行きま
すが、一人でも 行きます。

Kono mise niwa yoku tomodachi to ikimasu
ga, hitori demo ikimasu.

□10 急に 頭が 痛くなる ことが あるの
で、薬が ないと 心配です。

Kyū ni atama ga itaku naru koto ga aru
node, kusuri ga nai to shinpai desu.

ふくしゅうドリル

Review Drills / Bài ôn tập

※ **Download the Romaji version here →**

※ Tải "bản chữ Alphabet ở đây →

※「ローマ字版」のダウンロードはこちら→

Unit 1

① 私は 日本語が 少し （a. 話せます
b. 話します）。

② カタカナは まだ （a. 読められません
b. 読めません）。

③ 60点 （a. 以上　b. 以下） の 人は 合格
です。

④ パソコンは 高いので、なかなか （a. 買
えません　b. 買いません）。

⑤ うちから 学校まで、自転車で 5分で
（a. 行くことができます　b. 行ける こと
が できます）。

⑥ 残念ですが、明日の パーティーには
（a. 出席しられません b. 出席できません）。

⑦ この 店では、外国の ものを いろいろ
（a. 買うことができます　b. 買いことが
できます）。

⑧ この 薬は 苦くて なかなか （a. 飲みま
せん　b. 飲めません）。

⑨ 車に 乗る とき、5歳 （a. 以上 b. 以下）
の 子供は チャイルドシートに 座ります。

⑩ さっきは 運転中だったので、電話に
（a. 出られません b. 出れません）でした。

Unit 2

① もう、ご飯 （a. 食べた　b. 食べたか） ？

② その おかし、甘い？
—— ううん、（a. あまいじゃない　b. あ
まくない）。

③ 部長、昨日の ニュース、（a. 見た　b. 見
ましたか） ？

④ この コーヒーは 有名ですか。
—— いいえ、（a. 有名じゃない　b. 有名
じゃないです）。

⑤ 久しぶり！ （a. 元気だった　b. 元気だっ
たか） ？

⑥ すみません、駅は ここから （a. 近いか
b. 近いですか）。

⑦ 日本は 楽しい （a. けど　b. だけど）、
早く 国に 帰って 家族に 会いたい。

⑧ サッカーは 上手じゃない （a. けど
b. だけど）、好きだ。

⑨ 日本語の 勉強は 大変 （a. けど　b. だけ
ど）、おもしろい。

⑩ この 映画、見た？
—— うん、（a. 見た　b. 見てない）。

193

Unit 3

① 掃除したので、部屋が (a. きれいに b. きれく) なりました。

② 久しぶりに (a. 会えて b. 会いて) よかったです。

③ 12月に なって、急に (a. 寒く b. 寒くに) なりました。

④ 昨日は 一日 勉強を (a. しなくて b. して) 疲れました。

⑤ 近くに コンビニが (a. あって b. あった) 便利です。

⑥ 1日 (a. で b. に) 3回、薬を 飲みます。

⑦ 難しい 漢字が (a. 読めて b. 読めなくて) 困りました。

⑧ 宿題を (a. しないで b. しなくて) 学校に 行ったんですか。
―― はい……。

⑨ 写真が (a. とれないで b. とれなくて) 残念でした。

⑩ 4年 (a. と b. に) 1回、オリンピックが あります。

Unit 4

① この 歌は (a. 有名な b. 有名だ) ので、日本人は だれでも 知って います。

② 今日は 天気が (a. よかった b. いい) ので、富士山が 見えます。

③ テレビの 音が (a. 大きい b. 大きかった) ので、電話の 声が 聞こえません。

④ 昨日は 宿題が たくさん あったので、テレビは (a. 見ませんでした b. 見えませんでした)。

⑤ とても 静かだったので、音が よく (a. 聞きました b. 聞こえました)。

⑥ 時間が (a. なかった b. あります) ので、タクシーで 行きました。

⑦ 明日は 仕事が (a. 休みだ b. 休みな) ので、ちょっと うれしいです。

⑧ コーヒーを たくさん飲んだ (a. ので b. と)、夜、なかなか 寝られませんでした。

⑨ この かばんは 小さい (a. ので b. と)、あまり 本が 入りません。

⑩ よく 勉強 (a. した b. しなかった) ので、合格できました。

Unit 5

① あの 病院は 遠いし、いつも 人が (a. いっぱいだ b. いっぱい) し、ほかの 病院に 行きましょう。

② 雨だし、時間が ないから (a. 歩いて b. 車で) 行きませんか。

③ キムさんは 英語 (a. だけじゃなく b. といっしょに)、日本語も 話せます。

④ 明日は 試験ですから、(a. 勉強した b. 勉強しました) ほうが いいですよ。

⑤ この 歌は、日本だけじゃなく、アジアの 国々 (a. でも b. も) 有名です。

⑥ 熱が ありますね。学校は (a. 休みます b. 休んだ) ほうが いいですね。

194

⑦ 小さくて 読めないので、大きい 字で
(a. 書いた　b. 書かない) ほうが いいで
すよ。

⑧ 私は、母 (a. だけじゃなく　b. と いっ
しょに) テニスを しに 行きました。

⑨ お酒は、あまり たくさん (a. 飲まなかっ
た　b. 飲まない) ほうが いいです。

⑩ この 店は (a. 近い　b. 遠く) し、
(a. 静かだ　b. 静かな) し、とても
気に 入って います。

Unit 6

① 図書館に いる (a. 間は　b. 間に) 静か
に して ください。

② 資料の 準備は もう して (a. あります
b. おきます)。

③ チケットは 明日 (a. まで　b. までに)
買って おきます。

④ 毎日 30分 以上 日本語を (a. 勉強す
る　b. 勉強します)ように して います。

⑤ 明日は 必ず 宿題を (a. 持ってくる
b. 持ってこない)ように して ください。

⑥ 遠くの 人が (a. 見える　b. 見せる)
ように、字を 大きく 書きました。

⑦ 電話の 横 (a. で　b. に) メモが 置いて
あります。

⑧ 今日は 寒いですから、エアコンを
つけて (a. ありました　b. おきました)。

⑨ テストの ときに (a. 書ける　b. 書く)
ように、漢字を 何度も 練習しました。

⑩ 日本に いる (a. 間に　b. 間は)、ずっと
日本語を 話す ように します。

Unit 7

① ちょっと こっちに (a. 来て　b. 来れ)。
―― 何?

② 危ないから(a. 走らないで　b. 走らなくて)!

③ 〈母親が子供に〉 やさいも (a. 食べなさい
b. 食べろなさい)。

④ みんなで 写真を(a. とれ　b. とります)。
並んで、並んで!

⑤ 間に 合わない! (a. 急ぎて　b. 急いで)!

⑥ 東京へ 行きたいんですが、切符 (a. は
b. が) どこで 買ったら いいですか。

⑦ 土曜日は 大事な 試合です。よく 休ん
で おく (a. みたいに　b. ように)。

⑧ 〈食べ物を皿に入れて、犬に〉(a. 待て　b. 待ち)!

⑨ 遅れて いるんだから、早く 仕事 (a. し
ろ　b. すれ)。

⑩ 〈母親が子供に〉 早く (a. 起きなさい　b. 寝
なさい)。学校に 遅れますよ。

Unit 8

① 子供たちは とても (a. 楽しそうに
b. 楽しいように) 遊んで います。

② 試験に 合格できなくて、とても (a. 残念
なそうに　b. 残念そうに) して います。

③ この 写真の お父さんは、とても (a. や
さしいそう　b. やさしそう) ですね。

④ カバンが ありませんから、彼女は もう
（a. 帰りました　b. 帰った）ようです。

⑤ 教室が 静かなので、授業は まだ（a.
終わった　b. 終わっていない）ようです。

⑥ この おかしは、あまり 甘くないし、
健康に（a. いいさそう　b. よさそう）で
すね。

⑦ 彼女は 母親（a. みたいに　b. みたいな）
やさしく 笑いました。

⑧ リンダ先生は、日本人（a. ように　b. の
ように）日本語が 上手です。

⑨ この ペンは、少し 高いですが、とて
も よく（a. 書き　b. 書け）そうです。

⑩ 道が（a. 混む　b. 混んでいる）ようです
ね。バスが 全然 動きません。

Unit 9

① はじめまして、ワンです。日本語を 勉
強して（a. います　b. いるんです）。

② この 傘、200円でした。
—— え？ どうして、そんなに（a. 安い
です　b. 安いんです）か。

③ あの 二人、全然 似て いませんが、本
当に（a. 兄弟な　b. 兄弟だ）んですか。

④ すみません、頭が（a. 痛いですが　b. 痛
いんですが）、薬は ありますか。

⑤ 漢字が 難しくて、新聞が（a. 読めませ
ん　b. 読みません）。

⑥ この アパートは、コンビニも 駅も
（a. 近くて　b. 近いで）とても 便利です。

⑦ 日本語が（a. 下手で　b. 下手だ）、なか
なか 上手に 言えません。

⑧ 本当に スキーを するのは 初めて
（a. んです　b. なんです）か。上手ですね。

⑨ 熱で 頭が（a. 痛い　b. 悪い）です。

⑩ すみません、さいふを（a. 忘れました
b. 忘れた）んですが……。

Unit 10

① 宿題は もう 終わりましたか。
—— いいえ、まだ（a. 終わっちゃいま
せん　b. 終わっていません）。

② すみません、これ、サイズを 間違えて
（a. 買っちゃった　b. 買っておいた）ん
ですが……。

③ お金を 全部（a. 使いちゃった　b. 使っ
ちゃった）ので、買えなかった。

④ 薬、（a. 飲んじゃった　b. 飲んちゃった）？
食べた 後に 飲むんだよ。

⑤ 風邪は よく なりましたか。
—— いいえ、まだ（a. 治っていません
b. 治りました）。

⑥ すみません！ 遅刻して（a. しまいまし
た　b. いました）。

⑦ あのう、パスポートを（a. なくしてしま
いました　b. なくしてしまったんです）
が……。

⑧ 残念ですが、その 映画は 昨日で（a.
終わって　b. 始まって）しまいました。

⑨ あれ？ これは えんぴつで 書くの？ ボールペンで (a. 書いちゃった　b. 書きちゃった)。

⑩ もう、レストランを 予約しましたか。
　── いいえ、まだ (a. 予約しちゃって　b. 予約して) いません。これから します。

Unit 11

① どんなに 急い (a. だら　b. でも)、2時10分の 急行には 間に 合いません。

② 疲れ (a. たら　b. ると) 早く 寝た ほうが いいです。

③ 約束の 時間に (a. なっても　b. なったら)、友達が 来ないんです。

④ 冬は、午後4時に (a. なると　b. なっても) 暗く なります。

⑤ 頑張って 勉強 (a. したら　b. しても)、合格できますよ。

⑥ 何度 説明書を (a. 読んだら　b. 読んでも)、わからないんです。

⑦ この 映画は (a. 1回　b. もう) 見た ことが あります。

⑧ 辛い 食べ物は 苦手ですが、1回だけ、とても 辛い 料理を (a. 食べた　b. 食べる) ことが あります。

⑨ ときどき 飛行機が (a. 飛ぶ　b. 飛ばない) ことが あるので、気を つけて ください。

⑩ すごく 眠そうですね。今日は 早く (a. 寝たら　b. 寝ると) どうですか。

こたえ

	①	②	③	④	⑤	⑥	⑦	⑧	⑨	⑩
Unit 1	a	b	a	a	a	b	a	b	b	a
Unit 2	a	b	b	b	a	b	a	a	b	a
Unit 3	a	a	a	b	a	b	b	a	b	b
Unit 4	a	b	a	a	b	a	b	a	a	a
Unit 5	a	b	a	a	a	b	a	b	b	a/a
Unit 6	a	a	b	a	a	a	b	b	b	b
Unit 7	a	a	a	b	b	a	b	a	a	a
Unit 8	a	b	b	b	b	b	a	b	b	b
Unit 9	a	b	a	b	a	a	a	b	a	b
Unit 10	b	a	b	a	a	a	b	a	a	b
Unit 11	b	a	a	a	a	b	a	a	b	a

各ユニットの Can-Do と文型

ユニット番号	Can-Do リスト	文型
1	① 進路や目標など、将来について自分の希望を述べることができる。 ② 予定や計画について、具体的に述べることができる。 ③ 誰かの発言内容を人に伝えることができる。	▶ ～（よ）う ▶ ～（よ）う＋と思います ▶ ～つもりです ▶ ～と言います［間接引用］ ▶ ～予定です ▶ こう・そう・ああ
2	① ある行動が何を目的にしたものか、述べることができる。 ② 目的や用途と結びつけながら、自身の動作や物事について表現することができる。 ③ 結果はどうなるか、わからないが、試しにする場合の行為について述べることができる。	▶ ～ために［目的］ ▶ ～て／ないで［付帯状況］ ▶ ～てみます ▶ ～て行きます ▶ ～て来ます ▶ ～に［用途］ ▶ ～のに［目的］
3	① 人との間の物や行為の授受について、述べることができる。 ② 予想や期待と違う結果について、残念に思う気持ちを含めて述べることができる。	▶ ～てあげます ▶ ～てくれます ▶ ～てもらいます ▶ ～てやります ▶ ～のに［逆接］
4	① 日常よく使う語句について、丁寧な表現を使うことができる。 ② 話す相手や場面に応じて、ある程度話し方を変えることができる。	▶ （～で）ございます ▶ ～でしょう［確認］ ▶ お／ご～ ▶ いかが ▶ いただきます ▶ くださいます ▶ こちら・そちら・あちら ▶ どなた ▶ よろしい
5	① 現実ではないことを仮定して述べることがある程度できる。 ② ある話題について、何かを推奨したり助言したりする表現を述べることができる。	▶ ～ことにする ▶ ～ことになる ▶ ～とおりに ▶ ～なら［仮定］ ▶ ～なら［助言］ ▶ ～ば［仮定］
6	① 確かに定まっていないこと、疑問に感じることを取り上げて、意見や考えを述べることができる。 ② 読み方など、疑問に感じたこと、知りたいと思ったことを相手に尋ねることができる。	▶ ［疑問詞］＋～か ▶ ［文］＋か ▶ ～かどうか ▶ ～って ▶ 何て ▶ 何と

7	① 何かの行為や作用を受けた側からの表現を述べることができる。 ② あるものが何の材料でできているか、述べることができる。 ③ あるものが一定の状態に保たれていることを表すことができる。	▶ ～から／～で［材料］ ▶ ～たまま ▶ ～と 言われて います ▶ ～のまま ▶ 受身
8	① あるものが別のものに影響を及ぼして何かをさせる様子を表現することができる。 ② どんな条件でも変わらない性質や事実について述べることができる。	▶ ［疑問詞］＋でも ▶ ～（さ）せてください［許可］ ▶ ～て＋いただきます ▶ ～のは / のが / のを / のも ▶ 使役
9	① ある特徴を持った傾向や性質を表現したり、それについて評価したりすることができる。 ② ものの状態や性質について、名詞化したり強調したりしながら、ある程度の幅をもって表現することができる。	▶ ～すぎます ▶ ～なきゃ ▶ ～にくいです ▶ ～ほど～ない ▶ ～やすいです ▶ Ａさ
10	① 音や匂いなど、体の感覚でとらえたことを表現することができる。 ② 物事が生じる時間やタイミングに応じた表現の使い分けがある程度できる。 ③ 物事の状態の変化について、ある程度表現することができる。	▶ ［音・におい］がします ▶ ～たばかりです ▶ ～ところです ▶ ～なくなります ▶ ～ようになります ▶ ～始めます
11	① 人から伝え聞いたり、情報媒体から得たりしたことについて、述べることができる。 ② 自分の知識や経験から一定の判断をして、意見や考えを述べることができる。	▶ ～そうです［伝聞］ ▶ ～はずです ▶ ～ようです ▶ ～場合は
12	① 相手に対する敬意を直接的に表す尊敬語を使って話すことができる。 ② 目上の人や仕事の中で接する客など、生活と仕事の両面で、社会的に必要なコミュニケーションの基礎を実践できる。	▶ ～れる・られる ▶ いらっしゃいます ▶ お / ご～になります ▶ おっしゃいます ▶ ご存じです ▶ ご覧になります ▶ なさいます ▶ 召し上がります
13	① 相手に対する敬意を、自分を低く扱うことで表現でき、謙虚な態度・姿勢を相手に印象づけることができる。 ② 特に仕事で必要な言葉遣い、場面や相手に応じた表現の使い分けがある程度できる。	▶ いたします ▶ うかがいます ▶ お / ご～します ▶ 差し上げます ▶ 拝見します ▶ 参ります ▶ 申します・申し上げます

本文レイアウト・DTP　　オッコの木スタジオ

カバーデザイン　　花本浩一

本文イラスト　　はやし・ひろ／杉本智恵美

翻訳　　Alex Ko Ransom ／ Nguyen Van Anh

編集協力　　古谷真希／渡邉亜子

本書へのご意見・ご感想は下記 URL までお寄せください。
https://www.jresearch.co.jp/contact/

やさしい日本語　初級4

令和2年（2020年）　1月10日　初版 第1刷発行

編著者　　Ｊリサーチ出版編集部

著　者　　森本智子・高橋尚子

発行人　　福田富与

発行所　　有限会社Ｊリサーチ出版

〒166-0002　東京都杉並区高円寺北 2-29-14-705

電　話　　03(6808)8801（代）　FAX　03(5364)5310

編集部　　03(6808)8806

https://www.jresearch.co.jp

twitter 公式アカウント　@ Jresearch_

https://twitter.com/Jresearch_

印刷所　　萩原印刷株式会社

⬇ How to Download Voice Data

STEP 1

Access the voice download website!

(Input the following URL:)
https://audiobook.jp/exchange/jresearch

⬇

STEP 2

Continue to the "audiobook.jp" registration page from the one displayed to register as a member.

Click 「audiobook.jp に会員登録（無料）」
(Register to be a Memberof the "audiobook.jp" (Free))

※ To download voice data, you must register for the "audiobook.jp"(registration is free).

Enter your email address, password (8 or more alphanumeric characters), name, birthday, and gender on the registration page ▶ Read the Terms of Service ▶ Click 「確認」(Confirm)
▶ Registration complete

⬇

STEP 3

Return to the download page from the 「ご登録が完了しました」 page.

Click 「ダウンロードページ」 (Download Page), then enter "24673" in the field under 「シリアルコードをご入力ください」 (Please enter your serial code) on the page displayed and click 「送信」(Send).

⬇

STEP 4

Download voice data.

Click 「無料でオーディオブックを受け取る」
▶ Click 「本棚で確認する」 ▶ Click 「ダウンロード」
(Download 「全体版」)

※ If you are using a PC, please download voice data from 「本棚」. If you are using a smartphone, a guide will appear for the app. Please use the voice files through the app.

❗ Notice
- Voice data can be played from your PC, your iPhone, or your Android smartphone.
- Voice data can be downloaded and played as many times as you wish.
- For questions about downloads, please contact: info@febe.jp (Emails will be received from 10 AM to 8 PM on weekdays).

⬇ 音声ダウンロードの手順

STEP 1

音声ダウンロード用の
サイトにアクセス！

（下記 URL を直接入力）
https://audiobook.jp/exchange/jresearch

STEP 2

表示されたページから、
audiobook.jp への登録
ページに進み、会員登録
をする。

「audiobook.jp に会員登録(無料)」をクリック

※ 音声のダウンロードには、オーディオブック配信サービス
「audiobook.jp」への会員登録(無料)が必要です。

登録ページでメールアドレス・パスワード(英数字の
8ケタ以上)・名前・生年月日・性別を入力▶規約を
読む▶「確認」をクリック▶登録完了

STEP 3

「ご登録が完了しました」
のページからダウンロー
ドのページに戻る。

「ダウンロードページ」をクリックして、表示された
ページの「シリアルコードをご入力ください」の下の
欄に「24673」を入力して「送信」をクリックする。

STEP 4

音声をダウンロードする。

「無料でオーディオブックを受け取る」をクリック
▶「本棚で確認する」をクリック▶「ダウンロード」を
クリック(「全体版」をダウンロード)

※ PC の場合は、「本棚」から音声をダウンロードしてくださ
い。スマートフォンの場合は、アプリの案内が出ますので、
アプリからご利用ください。

❗ ご注意

・PC からでも、iPhone や Android のスマートフォンからでも音声を再生いただけます。

・音声は何度でもダウンロード・再生いただくことができます。

・ダウンロードについてのお問い合わせ先：info@febe.jp (受付時間：平日の 10～20時)

やさしい日本語 初級4

- ## かいわぶんの やく
  Translation of conversational passage
  Dịch hội thoại

- ## れんしゅうの こたえ（れい）
  Practice answers (Example)
  Đáp án phần luyện tập (Ví dụ)

かいわ
Dialogue

はなしましょう
Let's talk

かいわぶんの やく
Translation of conversational passage

Unit 1

Dialogue 1
Maria	It's gotten hot, hasn't it?
Paul	Yes. Let's turn on the air conditioner.

Dialogue 2
Tanaka	What will you be doing during summer break?
Gwen	I am thinking of going to Osaka to have fun.

Dialogue 3
Sakura	What will you do once you graduate from university?
Kim	I plan on working at a Japanese company.

Dialogue 4
Ari	Will you be going back to your home country for New Year's?
Wang	No. My break is short this year, so I do not plan on going home.

Dialogue 5
Boss	What time does tomorrow's meeting start?
Aoki	It is scheduled to begin at 2 PM.

Dialogue 6
Coworker	About how long will your vacation be?
Linda	It's scheduled for five days.

Let's talk
❶
A	This computer has not been working well recently.
B	That is a problem.
A	Yes. I am thinking of buying a new one soon.
B	What kind of computer do you plan on buying?
A	I intend on buying something smaller and lighter than this.

❷
A	What will you do once you graduate from university?
B	I plan on studying abroad in America.
A	Is that so. About how long?
B	I plan to be there for one year.

Unit 2

Dialogue 1
Sakura	What will you be doing during winter break?
Ari	I will be working a part-time job in order to save money.

Dialogue 2
Linda	Do you take the bus from your home, Aoki-san?
Aoki	No. I walk for my health.

Dialogue 3
Ari	This café is quiet, isn't it?
Sakura	Yes. It is very good for reading books.

Dialogue 4
Sakura	What a large bag.
Wang	Yes. It is perfect for putting a computer in.

Dialogue 5
Micah	Do you not drink this alcohol?
Aoki	That is correct. This is used for cooking.

Dialogue 6
Kim	Where did you go?
Wang	The convenience store. I went to buy something to drink.

Let's talk
❶
Gwen	Maria-san, did you go shopping?
Maria	Yes. I went to the convenience store for a bit.
Gwen	You bought so much.
Maria	I went and bought snacks for everyone to eat.
Gwen	Thank you very much. In that case, why don't we take a break?
Maria	Yes. Do you put milk and sugar in your coffee, Gwen-san?
Gwen	No, I drink mine without putting anything in it.

❷
Gwen	Is this a handkerchief?
Sakura	No. This is called a "furoshiki." It is used to wrap objects.
Gwen	Huh. Have you used one before, Sakura-san?
Sakura	Yes. I have used them when wearing a kimono before.
Gwen	I see. So you use these when wearing a kimono. I would like to try using one too.

Unit 3

Dialogue 1
Wang	A dictionary is needed for my next class, but I forgot mine at home.
Kim	I have one. I will lend it to you.

Dialogue 2
Ari	Can you speak Chinese, Sakura-san?
Sakura	No. Only simple greetings. Wang-san taught me how to say them.

Dialogue 3
Maria	Could you please hold this for a bit?
Paul	Oh, sure.

Dialogue 4
Linda	Did you do something for your younger brother's birthday?
Coworker	No, I didn't do anything for him this year.

Dialogue 5
Micah   Did your mother often buy you ice cream, Aoki-san?
Aoki   No. She didn't buy it for me much.

Dialogue 6
A   Have you seen a picture of Yamashita-san's girlfriend?
B   No, he won't show it to me.

Let's talk

A   What a nice bag.
B   Thank you. My mother bought it for me when I got a job.
A   Is that so. It would be nice to give your mother a present in return, wouldn't it?
B   Yes. That is why when I got my first bonus, I took my mother on a vacation.

❷
A   You seem busy.
B   Yes. There is a meeting starting at 2, but I'm not ready yet.
A   Would you like me to go copy these materials?
B   Aoki-san made copies for me just now.
A   Is there anything else I can do to help?
B   In that case, could you please take this computer to the meeting room?
A   Yes, I can do that.

Mini-Lesson

Kim   Excuse me, could you hold this bag for a moment?
Wang   Sure.
❷
Ari   Could you teach me how to do this?
Sakura Oh, this?
❸
A   Could you wait another ten minutes?
B   Really? Please hurry.
❹
A   Could you listen for a moment?
B   What is it?

Unit 4

Dialogue 1
A   Is Aoki-san taking today off?
B   Yes. He seems to have caught a cold.

Dialogue 2
A   If you have any questions, please call this number at any time.
B   I understand.

Dialogue 3
A   Who is that person?
B   That is Tanaka-san from the sales department.

Dialogue 4 (At a part-time job)
Ari   Welcome. How many are in your party?
Customer Three.
Ari   Understood. Please come this way.

Dialogue 5
Gwen   Do you have this in a 24-centimeter size?
Employee Yes, we do. ...It's over here. ...Do you like it?
Gwen   Yes, it's perfect.

Dialogue 6
Paul   When is convenient for you?
Tanaka Let me think. Next Tuesday would be good.
Paul   Understood.

Let's talk

Gwen   Um, do you have a smaller size than this?
Employee Yes, I believe we have it in size S. ...Oh, right here.
Gwen   May I try it on?
Employee Of course. ...Do you like it?
Gwen   It's perfect. I'll take it, then.
❷
Ari   Sensei, do you have any other bags?
Sensei No, that is all.
Ari   Alright. Where shall I put these?
Sensei Oh... Could you put it in front of that shelf over there?
Ari   Is right here okay?
Sensei Yes, that is fine. Thank you very much.

Unit 5

Dialogue 1
Paul   Hm? The TV isn't turning on.
Gwen   It will turn on if you press here.

Dialogue 2
A   Excuse me. I can't use the copier...
B   That copier cannot be used unless you enter a password.

Dialogue 3
Employee How is this apartment?
Kim   It would be nice if it were closer to the station, but this is a little far.

Dialogue 4
Wang   Would you like to go to the café that recently opened?
Kim   Yes, as long as it isn't too far.

Dialogue 5
Aoki   If you're free tomorrow, would you like to go to the festival?
Micah   Oh, that sounds great. I'll go.

Dialogue 6
Ari   What souvenirs are famous in Kyoto?
Sakura Tea sweets are famous as souvenirs in Kyoto.

Let's talk

❶

Wang   I have decided to go to Okinawa in April.

Sakura   That's nice. If you're going to Okinawa, you ought to go to the Churaumi Aquarium.

Wang   Is it crowded?

Sakura   That's a good question. I don't think it will be crowded if you go in the morning.

Wang   Can you swim in the sea even in April?

Sakura   Yes. You should already be able to swim if the weather is nice.

❷

A   What is the matter?

B   The copier stopped.

A   If you press the button as it explains here, it will move.

B   I understand. I'll try it.

A   If it still doesn't work, please call this company.

B   I understand.

Unit 6

Dialogue 1

Gwen   We should ask Sensei if this is okay.

Friend   You're right.

Dialogue 2:

Ari   Do you know when the match will begin?

Sakura   No, I do not know.

Dialogue 3

Sakura   Have you already decided what you will buy as a present?

Friend   No, not yet.

Dialogue 4

Kim   Do you know how to get to the museum?

Ari   I'm sorry. I do not know.

Dialogue 5

Wang   Do you know who that person is?

Sakura   Yes. That is Mori-sensei from Midoriyama Gakuen.

Dialogue 6

Sakura   What is written on the note?

Wang   It says, "I will be going ahead of you."

Let's talk

❶

(At a beef bowl restaurant)

Micah   Um, this is a beef bowl, right?

Aoki   It is.

Micah   Um, how do you read this character?

Aoki   Oh, that says "nami." It means regular.

Micah   I see. I understand. There are so many menu items, aren't there? Hmm...

Aoki   Do you know what you'll be having?

Micah   Yes. I will have this gyudon in the nami size.

❷

Paul   We need to hurry up and decide on how to run the upcoming party.

Maria   Yes. We should also go over and make sure who we'll be inviting once more.

Paul   You're right. What should we do about the Principal? He seems very busy.

Maria   Hm... We don't know whether or not he'll come, but let's invite him.

Paul   You're right. Then I'll choose the store tomorrow and send e-mails with information right away.

Mini-Lesson

●～なあ／～かなあ

❶ It sure is cold. Should we turn on the heater?

❷ This is fine, but it's expensive. I can't buy it.

❸ Will we make it in time if we go now?

❹ I wonder if this store tastes good?

●～てほしい

❶

Ari: I wish this was a little cheaper.

Sakura   I agree.

❷

Ari   I wish Sensei was here too.

Sakura   Yes, absolutely.

❸

Paul   I'd like to take time to read this...

Tanaka   This part? I agree.

❹

Aoki   Is there anything you want me to buy?

Micah   No, nothing in particular.

Unit 7

Dialogue 1

Sakura   What kinds of things did they ask you at the interview?

Wang   About what I am studying in university, my hobbies, and so on.

Dialogue 2

Kim   What was used to draw this picture?

Aoki   It is drawn with only colored pencils.

Kim   Wow, that is amazing.

Dialogue 3

Paul   Cheese is expensive in Japan. In my country, you can buy it for about half the price.

Tanaka   Is that so. That's nice.

Dialogue 4

Paul   When was this temple built?

Tanaka   It says that it was built in 1055. About a thousand years ago.

Paul   Wow, so it's that old.

Dialogue 5

Sakura   Don't you dislike full trains?

Ari   Yes. Even this morning, someone stepped on my feet in the train.

Dialogue 6

Ari   When is the festival?

Sakura   It will be held over two days this year, July 25 and 26.

Let's talk

❶

Wife   Don't leave your smartphone in a place like that. The children will play with it as a toy.

Husband   Oh, you're right.

❷

A   Please listen. I was praised for the first time by the general manager today.

B   Huh, what did he say?

A   He said, "This is a good report. It is written properly and well."

B   Is that so. That's great.

A   Yes. Especially because he's always scolding me.

Unit 8

Dialogue 1

Sakura   Is this your first time meeting her?

Wang   Yes. I've spoken to her on the phone before, but this will be our first time speaking in person.

Dialogue 2

Aoki   Is Japanese difficult?

Micah   Yes. It's a lot of work to learn kanji.

Dialogue 3

Paul   Oh no! I forgot to call!

Maria   Call where?

Paul   The store where I'm working part-time. Sorry, I'm going to make a quick call.

Dialogue 4

A   How should I get there from the station?

B   That's OK. –I'll get someone to meet you there.

Dialogue 5

A   Excuse me. Would you please let me copy this?

B   That's fine. Go ahead.

Dialogue 6

Wang   In that case, when should we meet?

Kim   I'm fine with meeting at any time.

Wang   In that case, how is next Tuesday?

Kim   That is fine.

Let's talk

❶ Ever since I was small, it has been my dream to become a veterinarian. I am doing specialized studies in university to make that happen. If I become a doctor, I'd like to treat sicknesses and injuries of all kinds of animals.

❷ (Calling a Hotel)

Ari Excuse me. Could you check whether or not I have a reservation?

A   Understood. May I have your reservation date and name, please?

Ari One night on July 15, my name is Ari.

A   Ari-sama. Yes, we have a reservation for you for one night on July 15.

Ari Is that so. I understand. Thank you.

Unit 9

Dialogue 1

Ari   The all-you-can-eat store we went to for lunch was delicious, and I ate too much.

Kim   Huh, I would like to go myself next time.

Dialogue 2

Sakura   This glass is fragile, so please be careful when you wash it.

Wang   Okay, I understand.

Dialogue 3

Paul   Is that pen new?

Maria   Yes. It's easy to write with.

Dialogue 4

Husband   It seems like it will snow.

Wife   Yes. Why don't you wear these shoes that don't slip as easily?

Dialogue 5

Maria   Wow, that hamburger is huge.

Paul   Yes. ...It's kind of hard to eat.

Let's talk

❶

Kim   Hey, what does it say over there?

Wang   It says "Closed today." It seems to be their day off.

Kim   Thank you. I've had trouble seeing things in the distance lately... It seems my eyes have gotten worse.

Wang   Is that so.

Kim   Yes. I need to buy glasses or contact lenses.

❷ (At a Real Estate Agency)

Ari   Hello. I'm looking for a room... I'm going to live by myself.

Employee   Is that so... What about this place? It is quite large.

Ari   I see. Is it close to the station?

Employee   It's a bit of a walk from the station, but the rent isn't as high as somewhere in front of the station.

Ari   That's good.

Unit 10

Dialogue 1

Paul   Is now a good time to talk on the phone?

Maria   Hmm, I'm about to leave home.

Paul   That's fine. I'll call again tonight.

Maria   Okay. Sorry.

5

Dialogue 2

Kim What are you doing right now, Wang-san?

Wang I am writing a report at a café right now.

Kim Everyone is going for karaoke, would you like to join us?

Wang Sure. The same store as before?

Kim Yes. We'll be going there ahead of you, so please come later.

Wang Okay.

Dialogue 3

Sakura Where are you right now?

Ari I just got to the station. I will be heading there by taxi now.

Sakura I understand. Please be careful.

Dialogue 4

Sakura How is your new computer?

Wang I just bought it, so I haven't used it much yet. But it's good. Many things have become more convenient.

Sakura Is that so.

Dialogue 5 (Japanese Class)

Sakura Have you become able to speak a little bit of Japanese?

Student Yes, I can now speak a little if it's a simple conversation.

Dialogue 6

Aoki Is Hoang-san going back to Vietnam?

Sakura Yes, that's what I heard.

Aoki Is that so. We won't be able to meet him anymore? That's too bad.

Let's talk

❶

Linda You go to dance classes, Aoki-san?

Aoki Yes.

Linda That's nice, it seems fun. Let me see what you can do.

Aoki What? I can't do that. I've just started learning, so I can't dance at all.

Linda Is that so.

Aoki I'd like to work hard so I'll be able to dance soon.

❷ (On the Phone)

Ari This is Ari. Sakura-san, where are you right now?

Sakura I'm waiting for the bus right now. What's the matter?

Ari There's someone I want to introduce to you, and I thought you were at the university.

Sakura I'm sorry. My classes are already done for the day. Would another day be okay?

Ari Of course.

Sakura In that case, please send my regards to this other person as well.

Ari Okay.

Unit 11

Dialogue 1

Friend It seems that Paul-san played soccer when he was in high school.

Gwen So that's why he's a fast runner.

Dialogue 2

Ari The ramen store that opened in front of the station seems to be cheap and tasty.

Kim Is that so. In that case, let's go together next time.

Dialogue 3

Paul I press the button, but it won't move.

Tanaka It seems to be broken.

Dialogue 4

Sakura The police are over there.

Wang Yes, it seems there has been a traffic accident.

Dialogue 5

Sakura Did Kim-san already go back?

Ari She said he would be going to the library just now, so she should still be at school.

Dialogue 6

A Is it true that Tanaka-san is getting married?

B Didn't the general manager say that? In that case, it may be true.

Let's talk

❶

Tanaka It seems the train was delayed today. There were many late students.

Paul Yes. There seems to have been an accident.

Tanaka There is a test starting at 9 tomorrow, so please don't be late.

Paul What should we do if we're going to be late for a test?

Tanaka If you aren't going to make it in time, please contact the school immediately.

❷

Wang It's already fall, but it's still hot every day.

Sakura You're right. This summer seems to have been especially hot.

Wang Is that so.

Sakura But it is going to be October soon, so it should get cooler.

Wang It would be nice if it gets cool soon.

Unit 12

Dialogue 1 (At a School Office)

Paul Excuse me. Where is Tanaka-sensei right now?

Office Person Um, Sensei is now teaching a class on the third floor.

Paul Is that so. I understand.

Dialogue 2

Ari What did you eat for lunch today?

Sensei I ate spaghetti at the university's cafeteria today.

Dialogue 3

Sensei A Did you meet Yamashita-sensei at the event site?

Sensei B Yes, I met her. She seemed to be doing well.

Dialogue 4

Employee Did you purchase any souvenirs, President?

President Yes. They had some tasty looking candies, so I bought one.

Dialogue 5

Student Did you create this list as well, sensei?

Sensei Of course. I made it all myself.

Dialogue 6

Wang When are the others going to come?

Sakura They just arrived at the station, so they will be here soon.

Let's talk

❶

Doctor Come in.

Man Thank you.

Doctor Please be seated over there.

Man Alright.

Doctor What's troubling you today?

Man Well, I have a slight fever.

Doctor In that case, let me see inside your mouth. Ah, it seems you've caught a cold.

Man I thought that might be it.

Doctor Well, it's just a regular cold. I'll give you some medicine, so stay warm and get rest.

Man Understood. Thank you.

Doctor Please take care of yourself.

❷

Aoki Is this your first time in Japan?

Woman Yes, it is.

Aoki So you're able to speak Japanese. Where did you study it?

Woman At university. I studied Japanese language and culture for four years.

Aoki Is that so. You're very good. Where will you be going next today?

Woman To Asakusa. After that, I will go to watch sumo.

Aoki So you even watch sumo. That's great.

Woman Yes, I can't wait.

Unit 13

Dialogue 1

Wang Excuse me. ...Sorry to bother you while you're busy. I'd like to speak with you for about ten minutes, if possible...

Sensei That's alright. Come in.

Dialogue 2

General Manager Have you decided on the store for the start-of-year party?

Employee I'm sorry, not yet. I will let you know as soon as we decide.

Dialogue 3

Aoki Do you know this individual well, Kim-san?

Kim Yes, he has helped me quite a lot. I will introduce you to him next time.

Dialogue 4 (On the phone)

Wang Excuse me. May I come visit the lab right now? There's something I wanted to ask you...

Sensei Is that so. That's fine, if you can come by 1.

Wang Thank you. In that case, I will be right over.

Dialogue 5

Aoki Are you a fourth-year student, Takahashi-san?

Takahashi No. I graduated this spring. I am already working.

Aoki Is that so.

Dialogue 6

Ari Hello. I am a university student, and my name is Ari. It's nice to meet you.

Yamashita My name is Yamashita. Nice to meet you.

Let's talk

❶

A I saw your email. Thank you for inviting me to such a fun-looking event.

B Not at all. Will it fit in your schedule?

A Yes. I'm not entirely certain yet, but I would like to visit if I can.

B Understood. I know that you are busy, but I'd like it if you could come.

A Yes. Thank you.

❷

Sensei I'm sorry. The train has stopped, and it seems I'll be about thirty minutes late.

Wang I understand. In that case, I will be in the bookstore in the first floor of the station building, so could you please meet me there?

Sensei That bookstore? Understood.

❸

Ari Excuse me. This is my first time here.

Receptionist Please write your name, address, and phone number here.

Ari Understood. ...Here you go.

Receptionist Please sit down and wait for a bit.

Ari Okay.

かいわ
Dialogue
はなしましょう
Let's talk
かいわぶんの やく
Dịch hội thoại

Unit 1

かいわ・1

Maria   Nóng quá nhỉ!

Paul   Ừ. Bật điều hòa nhé!

かいわ・2

Tanaka   Nghỉ hè cậu sẽ làm gì?

Nguyễn   Tôi định đi Osaka chơi.

かいわ・3

Sakura   Tốt nghiệp đại học cậu định làm gì?

Kim   Mình dự định làm ở công ty Nhật

かいわ・4

Ali   Tết cậu có về nước không?

Wang   Không, năm nay nghỉ ngắn nên mình không định về.

かいわ・5

Cấp trên   Cuộc họp ngày mai từ mấy giờ nhỉ?

Aoki   Dự định bắt đầu từ 2h chiều ạ

かいわ・6

Đồng nghiệp   Chị sẽ đi du lịch bao nhiêu lâu?

Linda   Tôi dự định đi 5 ngày.

はなしましょう

❶

A   Cái máy tính này dạo này ẩm ương quá.

B   Thế thì bất tiện nhỉ.

A   Vâng, nên tôi định sẽ mua một cái mới.

B   Anh định mua máy như thế nào?

A   Tôi định mua cái nhỏ và nhẹ hơn cái này.

❷

A   Tốt nghiệp đại học xong bạn sẽ làm gì?

B   Tôi định đi Mĩ du học.

A   Thế sao. Khoảng bao nhiêu lâu?

B   Dự định là 1 năm.

Unit2

かいわ・1

Sakura   Nghỉ hè anh sẽ làm gì?

Ali   Tôi làm thêm để tiết kiệm tiền.

かいわ・2

Linda   Anh Aoki đi bus từ nhà tới ga tàu à?

Aoki   Không, tôi đi bộ để rèn luyện sức khỏe.

かいわ・3

Ali   Quán cà phê này yên tĩnh nhỉ.

Sakura   Vâng, rất thích hợp để đọc sách.

かいわ・4

Sakura   Cái cặp này to nhỉ.

Wang   Ừ, vừa đủ để đựng máy tính.

かいわ・5

Maika   Rượu này không uống được ạ?

Aoki   Vâng, cái này dùng để nấu ăn.

かいわ・6

Kim   Cậu đi đâu vậy?

Wang   Cửa hàng tiện ích. Mình đi mua đồ uống về.

はなしましょう

❶

Nguyễn   Maria, cậu đi mua đồ đấy à?

Maria   Ừ. Mình vừa đi ra ngoài cửa hàng tiện ích về.

Nguyễn   Mua nhiều đồ thế.

Maria   Mình mua bánh kẹo để mọi người cùng ăn.

Nguyễn   Cám ơn cậu. Thế nghỉ một chút nhỉ.

Maria   Ừ. Nguyễn, cậu uống cà phê có cho sữa và đường không?

Nguyễn   Không, mình uống mà không cho gì cả.

❷

Nguyễn   Cái này là khăn tay phải không chị?

Sakura   Không. Cái này gọi là "furoshiki". Dùng để gói đồ.

Nguyễn   Ồ… Chị Sakura dùng bao giờ chưa?

Sakura   Có. Tôi dùng khi mặc kimono.

Nguyễn   Thế ạ. Ra là dùng khi mặc kimono. Tôi cũng muốn thử.

Unit 3

かいわ・1

Wang   Giờ học tiếp theo cần dùng từ điển nhưng tớ lại quên ở nhà mất rồi.

Kim   Tớ có đấy. Tớ sẽ cho mượn.

かいわ・2

Ali   Chị Sakura biết nói tiếng Trung Quốc à?

Sakura   Không, chỉ là chào hỏi đơn giản thôi. Anh Wang dạy cho tôi.

かいわ・3

Ali   Đợi giùm mình một chút được không?

Paul   À, được chứ.

かいわ・4

Linda   Sinh nhật em trai anh/chị có làm gì cho cậu ấy không?

Đồng nghiệp   Không, năm nay tôi chẳng làm được gì cho nó cả.

かいわ・5

Maika   Mẹ của anh Aoki hay mua kem cho đúng không?

Aoki   Không, mẹ tôi ít mua cho lắm.

かいわ・6

A   Cậu xem ảnh bạn gái của anh Yamashita bao giờ chưa?

B   Chưa, anh ấy có cho tôi xem đâu.

はなしましょう

❶

A   Cái túi đẹp quá.

B   Cám ơn cậu. Mẹ tôi mua cho lúc tôi đi làm đấy.

A   Thế sao. Thế thì lần này phải tặng quà cho mẹ nhỉ.

B   Ừ, được nhận tiền thưởng lần đầu mình đã dẫn mẹ đi du lịch rồi.

❷

A Cậu có vẻ bận nhỉ.

B Ừ, có cuộc hợp từ 2h thế mà vẫn chưa chuẩn bị xong.

A Để tớ đi phô tô tài liệu cho nhé.

B Lúc này anh Aoki đã copy cho tớ rồi.

A Thế còn việc gì cần giúp không?

B Thế thì cậu mang cái này tới phòng họp hộ mình được không>

A À, tất nhiên là được rồi.

ミニレッスン

● ～て くれませんか？／～て くれない？

❶

Kim Xin lỗi, cầm hộ mình cái cặp một chút được không?

Wang Ừ được.

❷

Ali Chỉ cho tôi cách dùng cái này được không?

Sakura À, cái này hả.

❸

A Đợi mình 10 phút nữa được không?

B Ừ, nhanh lên đấy!

❹

A Nghe tôi nói được không?

B Gì vậy?

Unit 4

かいわ・1

A Hôm nay anh Aoki nghỉ à?

B Vâng, nghe nói anh ấy bị cảm

かいわ・2

A Nếu có câu hỏi gì hãy gọi điện thoại cho tôi bất cứ lúc nào.

B Vâng.

かいわ・3

A Người kia là ai?

B Là anh Tanaka ở phòng kinh doanh.

かいわ・4 〈アルバイトの店で〉

Ali Xin chào quý khách, quý khách có mấy người ạ?

Khách: Chúng tôi có 3 người.

Ali Vâng. Xin mời quý khách đi lối này.

かいわ・5

Nguyễn Cái này có đôi 24cm không?

Nhân viên Vâng, có ạ. Dạ đây ạ. Quý khách thấy thế nào?

Nguyễn Vâng, vừa khít.

かいわ・6

Paul Lúc nào thì anh rảnh.

Tanaka Ừm… Thứ 3 tuần sau.

Paul Vâng.

はなしましょう

❶

Nguyễn Xin lỗi, có cỡ nhỏ hơn cỡ này không ạ?

Nhân viên Vâng, tôi nghĩ là có cỡ S. A, đây ạ.

Nguyễn Tôi mặc thử được không?

Nhân viên Tất nhiên rồi ạ. Quý khách thấy sao?

Nguyễn Vừa quá. Tôi lấy cái này.

❷

Ali Cô còn hành lí nào nữa không ạ?

Gláo viên Không, chỉ có chỗ này thôi.

Ali Vâng ạ. Em đặt ở đâu được ạ?

Gláo viên Ùm… Em đặt giúp cô ở trước giá kia được không?

Ali Đây phải không ạ?

Gláo viên Ừ. Đúng rồi. Cám ơn em.

Unit 5

かいわ・1

Paul Ủa? Tivi không lên.

Nguyễn Ấn chỗ này mới lên.

かいわ・2

A Xin lỗi, tôi không dùng được máy copy này.

B Máy copy này không nhập mật khẩu thì không dùng được đâu.

かいわ・3

Nhân viên Quý khách thấy nhà chung cư này thế nào ạ?

Kim Giá gần ga hơn nữa thì tốt. Chỗ này hơi xa nhỉ.

かいわ・4

Wang Đi ra quán giải khát mới mở không?

Kim Nếu không quá xa thì tớ đi.

かいわ・5

Aoki Ngày mai nếu rảnh nhau đi lễ hội không?

Maika Ồ, nghe hay đấy. Tớ sẽ đi.

かいわ・6

Ali Quà của Kyoto thì cái gì nổi tiếng?

Sakura Quà của Kyoto thì có bánh matcha là nổi tiếng.

はなしましょう

❶

Wang Tháng 4 mình sẽ đi Okinawa.

Sakura Thích thế. Nếu đi Okinawa thì nên đi "Thủy cung biển Chura" nhé.

Wang Có đông không?

Sakura Ừm. Nếu vào ban ngày thì không đông đâu.

Wang Tháng 4 có bơi được ở biển không?

Sakura Có. Nếu trời đẹp là bơi được.

❷

A Có vấn đề gì thế?

B Máy copy bị dừng mất rồi.

A Nếu ấn nút theo đúng giải thích này là lại chạy đấy.

B Tôi hiểu rồi. Để tôi thử.

A Nếu vẫn không chạy thì hãy gọi điện cho công ty này.

B Vâng.

Unit 6

かいわ・1

Nguyễn Hỏi thầy xem thế này đã được chưa nhé.

Bạn Ừ.

かいわ・2

Ali Chị có biết khi nào trận đấu bắt đầu không?

Sakura Không, tôi không biết.

かいわ・3

Sakura Cậu đã quyết mua quà gì chưa?

Bạn Chưa, tớ chưa quyết.

かいわ・4

Kim Cậu có biết đi đến bảo tàng mĩ thuật như thế nào không?

Ali Xin lỗi tớ không biết.

かいわ・5

Wang Chị có biết người kia là ai không?

Sakura Có. Là thầy Mori của trường đại học Midoriyama.

かいわ・6

Sakura Trong tờ giấy viết gì vậy?

Wang Có viết là "Tớ đi trước!"

はなしましょう

❶ Tại cửa hàng cơm thịt bò.

Maika Ừm… chữ này đọc là gì nhỉ?

Aoki A, là "nami". Có nghĩa là bình thường.

Maika Ra vậy. Tôi hiểu rồi. Menu nhiều món quá. Ừm…

Aoki Chị quyết chọn món nào chưa?

Maika Vâng. Tôi chọn cơm thịt bò này cỡ bình thường.

❷

Paul Phải quyết định sớm tiệc tối nay tổ chức ở đâu thôi.

Maria Ừ. Còn phải kiểm tra kĩ một lần nữa là sẽ mời ai.

Paul Ừ. Thầy hiệu trưởng thì sao? Thầy có vẻ bận lắm.

Maria Ừm… Không biết thầy có đến hay không nhưng cứ mời nhỉ.

Paul Ừ. Thế ngày mai quyết định quán rồi gửi luôn mail hướng dẫn nhé!

ミニレッスン

● 〜なあ／〜かなあ

❶ Lạnh quá! Bật điều hòa nhé?

❷ Cái này được nhưng đắt nhỉ. Không mua được đâu.

❸ Bây giờ đi có kịp không nhỉ?

❹ Cửa tiệm này có ngon không nhỉ.

● 〜てほしい

❶

Ali Giá mà rẻ thêm chút nữa.

Sakura Ừ.

❷

Ali Mong thầy cũng đến nhỉ.

Sakura Ừ tất nhiên rồi.

❸

Paul Em muốn thầy đọc kĩ chỗ này…

Tanaka Chỗ này hả, ừ.

❹

Aoki Có muốn tôi mua gì về không?

Maika Không ạ.

Unit 7

かいわ・1

Sakura Lúc phỏng vấn cậu bị hỏi gì?

Wang Ở trường đại học học gì, sở thích là gì.

かいわ・2

Kim Tranh này được vẽ bằng gì vậy?

Aoki Được vẽ bằng bút chì thôi.

Kim Ồ, tuyệt thật.

かいわ・3

Paul Phô mai ở Nhật đắt thật đấy. Ở nước tôi chỉ bán với giá một nửa.

Tanaka Thế sao. Thích nhỉ.

かいわ・4

Paul Chùa này được xây từ khi nào vậy?

Tanaka Ở đây viết là được xây từ năm 1055. Khoảng 1000 năm rồi.

Paul Ồ, lâu thế rồi cơ à.

かいわ・5

Sakura Tàu điện đông ghê nhỉ.

Ali Vâng. Sáng nay trên tàu tôi cũng bị ai đó giẫm vào chân.

かいわ・6

Ali Lễ hội ngày nào vậy nhỉ?

Sakura Lễ hội được tổ chức vào 2 ngày, 25 và 26 tháng 7

はなしましょう

❶

Vợ Anh đừng để điện thoại ở đó. Bị trẻ con lấy làm đồ chơi đấy nhé.

Chồng À, ừ.

❷

A Nghe này. Hôm nay lần đầu tiên tớ được trưởng phòng khen đấy.

B Ồ. Khen sao?

A "Báo cáo tốt lắm. Viết rất cẩn thận!"

B Thế hả. Thích nhé.

A Ừ, bình thường toàn bị mắng.

Unit 8

かいわ・1

Sakura Anh gặp cô ấy lần đầu à?

Wang Vâng. Tôi từng nói chuyện điện thoại rồi nhưng gặp nói chuyện là lần đầu tiên.

かいわ・2

Aoki Tiếng Nhật có khó không?

Maika Có. Nhớ chữ Hán rất vất vả ạ.

かいわ・3

Paul Thôi chết! Tớ quên gọi điện rồi!

Maria Gọi tới đâu?

Paul Cho cửa hàng đang làm thêm. Xin lỗi, tớ gọi điện một chút.

かいわ・4

A Từ ga đi như thế nào?

B Yên tâm. Tôi sẽ cho 1 người đi đón.

かいわ・5

A Xin lỗi. Cho tôi copy cái này một chút.

B Vâng. Xin mời.

かいわ・6

Wang　Khi nào chúng ta sẽ gặp nhau?
Kim　Tôi thì lúc nào cũng được.
Wang　Thế thì thứ 3 tuần sau thế nào?
Kim　Được thôi.

はなしましょう

❶ Tôi có giấc mơ trở thành bác sĩ thú y từ khi còn bé. Vì thế hiện tại tôi đang học chuyên ngành đó tại đại học. Nếu thành bác sĩ tôi muốn chữa mọi bệnh và vết thương cho tất cả các con thú.

❷ (Gọi điện đến khách sạn)

Ali　Xin lỗi, cho tôi xác nhận xem được đặt được phòng hay chưa được không?
A　Vâng. Tôi có thể xin ngày đặt phòng và tên quý khách được không ạ?
Ali　Một đêm ngày 15/7, tôi tên là Ali.
A　Ngài Ali ạ. Vâng, chúng tôi đã nhận được đặt phòng một đêm ngày 15/7 ạ.
Ali　Thế à. Tôi hiểu rồi. Cám ơn!

Unit 9

かいわ・1

Ali　Quán ăn buffe đi lúc trưa rất ngon nên ăn hơi nhiều.
Kim　Ồ, lần tới tớ cũng muốn đi

かいわ・2

Sakura　Cốc thủy tinh này dễ vỡ nên khi rửa hãy cẩn thận nhé.
Wang　Vâng tôi biết rồi.

かいわ・3

Paul　Cái bút này mới à?
Maria　Ừ. Dễ viết lắm.

かいわ・4

Chồng　Tuyết sắp rơi rồi nhỉ.
Vợ　Vâng. Anh đi đôi giầy không bị trượt này đi.

かいわ・5

Maria　Oa, cái bánh humberger kia to thế nhỉ.
Paul　Ừ…. Mà hơi khó ăn.

はなしましょう

❶
Kim　Này, chỗ kia viết gì vậy?
Wang　Viết là "Hôm nay nghỉ định kì!". Vậy là hôm nay họ nghỉ rồi.
Kim　Cám ơn cậu. Dạo này mình nhìn xa hơi khó. Có vẻ mắt kém hơn rồi.
Wang　Thế sao.
Kim　Ừ. Phải mua kính hoặc kính sát tròng.

❷ (Tại công ty bất động sản)
Ali　Xin chào. Tôi đang tìm nhà. Tôi sẽ sống 1 mình.
Nhân viên　Vâng…. Chỗ này thế nào ạ. Độ rộng rất thoải mái.
Ali　Vâng, lại gần ga nữa.
Nhân viên　Từ ga phải đi bộ một chút nhưng giá nhà không đắt như chỗ ở gần ga.
Ali　Vâng.

Unit 10

かいわ・1

Paul　Giờ gọi điện có được không?
Maria　Ừm… Tớ mình sắp đai đây.
Paul　Thế thì thôi. Tối mình gọi lại.
Maria　Ừ, xin lỗi nhé.

かいわ・2

Kim　Anh Wang đang làm gì thế?
Wang　Tôi đang viết báo cáo ở tiệm cà phê.
Kim　Mọi người sắp đi karaoke đây, anh có đi không?
Wang　Có có. Quán giống lần trước hả?
Kim　Vâng, Thế chúng tôi đi trước, anh đến sau nhé.
Wang　Vâng.

かいわ・3

Sakura　Cậu đang ở đâu?
Ali　Tôi vừa mới đến ga. Giờ tôi sẽ đến đó bằng taxi.
Sakura　Ừ, đi cẩn thận nhé.

かいわ・4

Sakura　Máy tính mới thế nào?
Wang　Vừa mới mua nên tôi còn chưa dùng nhiều. Nhưng tốt, tiện hẳn.
Sakura　Thế à.

かいわ・5 (Lớp học tiếng Nhật)

Sakura　Em đã nói được tiếng Nhật hơn chưa?
Học sinh　Vâng, hội thoại đơn giản thì cũng nói được hơn một chút rồi ạ.

かいわ・6

Aoki　Bạn Hoàn sẽ về Việt Nam phải không?
Sakura　Vâng, tôi nghe thế.
Aoki　Thế hả. Thế là sắp không được gặp rồi. Tiếc quá.

はなしましょう

❶
Linda　Anh Aoki đang học lớp khiêu vụ hả?
Aoki　Vâng.
Linda　Hay quá, chắc vui lắm. Cho tôi xem một chút đi.
Aoki　Hả? Không được. Vừa mới học nên tôi không nhảy được gì cả.
Linda　Thế sao.
Aoki　Tôi sẽ cố gắng để nhảy được sớm.

❷ (Điện thoại)
Ali　Tôi Aki đây, chị Sakura đang ở đâu thế?
Sakura　Bây giờ tôi đang đợi xe buýt. Có việc gì thế?
Ali　Tôi có người muốn giới thiệu với chị Sakura. Tưởng chị đang ở trường …
Sakura　Xin lỗi anh. Hôm nay tôi hết giờ học rồi. Ngày khác có được không?
Ali　Tất nhiên rồi.
Sakura　Thế anh chuyển lời tới người đó giúp tôi nhé.
Ali　Vâng.

Unit 11

かいわ・1

Bạn　Nghe nói Paul hồi cấp 3 chơi bóng đá.

Nguyễn　Chính vì thế mà cậu ấy chạy nhanh nhỉ.

かいわ・2

Ali　Quán mỳ mới mở trước ga nghe nói rẻ và ngon đấy.

Kim　Thế sao. Lần tới cùng nhau đi thử nhé.

かいわ・3

Paul　Ấn nút này cũng không chạy.

Tanaka　Có vẻ bị hỏng rồi nhỉ.

かいわ・4

Sakura　Đằng kia có cảnh sát kìa.

Wang　Vâng. Hình như có tai nạn giao thông.

かいわ・5

Sakura　Bạn Kim về rồi à?

Ali　Lúc nãy bạn ấy nói đi thư viện nên chắc vẫn còn ở trường.

かいわ・6

A　Nghe nói anh Tanaka kết hôn rồi. Thật không nhỉ.

B　Trưởng phòng nói đúng không? Nên có lẽ là thật đấy.

はなしましょう

❶

Tanaka　Hôm nay tàu điện hình như bị chậm nhỉ. Nhiều học sinh đến muộn lắm.

Paul　Vâng, có vẻ có tai nạn.

Tanaka　Ngày mai có bài kiểm tra từ 9h nên đừng đến muộn nhé.

Paul　Nếu đến thi muộn thì phải làm thế nào ạ?

Tanaka　Nếu không kịp thì hãy báo với trường ngay.

❷

Wang　Mùa thu rồi mà vẫn nóng nhỉ.

Sakura　Vâng. Mùa hè năm nay nghe nói nóng đặc biệt.

Wang　Thế ạ.

Sakura　Nhưng sắp sang tháng 10 rồi nên chắc chắn sẽ mát hơn.

Wang　Hy vọng thời tiết nhanh mát.

Unit 12

かいわ・1 (Tại văn phòng nhà trường)

Paul　Xin lỗi, thầy Tanaka bây giờ đang ở đâu ạ?

Nhân viên văn phòng　Ừm… Thầy ấy đang có giờ dạy ở tầng 3.

Paul　Thế ạ. Tôi hiểu rồi.

かいわ・2

Ali　Thầy đã ăn trưa chưa ạ?

Thầy giáo　Hôm nay tôi ăn spaghety ở nhà ăn của trường rồi.

かいわ・3

Giáo viên A　Anh có gặp thầy Yamashita ở hội trường không?

Giáo viên B　Có, tôi gặp rồi. Trông thầy có vẻ khỏe đấy.

かいわ・4

Nhân viên　Giám đốc mua quà gì thế ạ?

Giám đốc　Có bánh trông ngon nên tôi mua 1 cái.

かいわ・5

Học sinh　Bảng biểu này là thầy làm ạ?

Giáo viên　Tất nhiên rồi. Tất cả đều do tôi làm.

かいわ・6

Wang　Những người khác bao giờ sẽ tới ạ?

Sakura　Nghe nói mọi người vừa đến ga nên sắp thôi.

はなしましょう

❶

Bác sĩ　Xin mời vào.

Người đàn ông　Xin chào bác sĩ.

Bác sĩ　Mời anh ngồi xuống kia.

Người đàn ông　Vâng.

Bác sĩ　Hôm nay anh bị làm sao vậy?

Người đàn ông　Vâng, tôi hơi bị sốt.

Bác sĩ　Hãy cho tôi xem họng. À… có vẻ bị cảm rồi nhé.

Người đàn ông　Thế ạ.

Bác sĩ　Cũng cảm thường thôi. Tôi cho thuốc uống nên anh hãy giữ ấm và nghỉ ngơi nhé.

Người đàn ông　Vâng. Cám ơn bác sĩ.

Bác sĩ　Chúc anh mau khỏe.

❷

Aoki　Chị đến Nhật lần đầu phải không?

Người phụ nữ　Vâng, đúng vậy.

Aoki　Chị nói được tiếng Nhật nhỉ. Chị học ở đâu?

Người phụ nữ　Ở trường đại học. Tôi học tiếng Nhật và văn hóa Nhật Bản 4 năm.

Aoki　Thế ạ. Chị nói rất tốt. Sau đây chị sẽ đi đâu?

Người phụ nữ　Tôi đi Asakusa. Sau đó sẽ đi xem sumo.

Aoki　Chị xem sumo à. Hay quá!

Người phụ nữ　Vâng, tôi háo hức lắm.

Unit 13

かいわ・1

Wang　Em xin phép ạ. Xin lỗi đến đúng lúc thầy đang bận. Em có thể nói chuyện với thầy 10 phút được không ạ?

Thầy giáo　Được chứ. Em vào đi.

かいわ・2

Trưởng phòng　Đã quyết nhà hàng tổ chức tiệc năm mới chưa?

Nhân viên　Dạ chưa ạ. Khi nào quyết em sẽ báo cáo ngay ạ.

かいわ・3

Aoki　Chị Kim biết rõ vị này hả?

Kim　Vâng. Là người vẫn hay giúp được tôi. Lần tới tôi sẽ giới thiệu với anh.

かいわ・4 (điện thoại)

Wang　Xin lỗi bây giờ em đến phòng nghiên cứu được không ạ. Em có việc muốn hỏi thầy…

Thầy giáo　Thế hả. Đến 1h thì không vấn đề gì.

Wang　Em cám ơn, em sẽ đến ngay ạ.

かいわ・5

Aoki　Anh Takahashi đang là sinh viên năm thứ 4 phải không?

Takahashi　Không, tôi đã tốt nghiệp mùa xuân vừa rồi. Tôi đang đi làm rồi.

Aoki　À thế ạ.

かいわ・6

Ali Xin chào. Tôi là Ali, sinh viên trường đại học Shibuya. Rất mong được giúp đỡ.

Yamashita Tôi là Yamashita. Xin chào anh.

はなしましょう

❶

A Tôi đã xem mail rồi. Rất cám ơn anh đã giới thiệu một buổi gặp mặt thú vị.

B Không có gì. Anh thấy sao? Anh có thời gian không?

A Vâng, tôi vẫn chưa biết nhưng nếu có thể tôi cũng muốn tham gia.

B Tôi hiểu rồi. Chắc anh bận nhưng anh hãy đến nhé.

A Vâng, cám ơn anh.

❷

Thầy giáo Xin lỗi em, tàu đang dừng nên chắc tôi muộn khoảng 30 phút.

Wang Vâng. Ở tầng 1 nhà ga có hiệu sách nên thầy đến đó được không ạ?

Thầy giáo Hiệu sách nhỉ. Tôi hiểu rồi.

❸

Ali Xin lỗi, tôi đến lần đầu ạ.

Lễ tân Anh hãy viết tên, địa chỉ và số điện thoại vào đây ạ.

Ali Vâng…. Đây ạ.

Lễ tân Anh hãy ngồi và đợi một lát ạ.

Ali Vâng.

こたえの れい
Practice answers (Example)
Đáp án phần luyện tập (Ví dụ)

Unit 1

1

のみます	れい) のもう	たべます	たべよう
よみます	よもう	みます	みよう
あそびます	あそぼう	ねます	ねよう
いきます	いこう	おしえます	おしえよう
とります	とろう	します	しよう
つくります	つくろう	きます	こよう

2
① しよう　　　　② みよう
③ やすもう　　　④ かえろう

3
① いく　　　　　② かわない
③ りゅうがくする　④ やすまない

4
① ことしの 9がつから りゅうがくする よていです
② 50にん くる よていです
③ らいねん 5がつに する よていです
④ キムさんと アリさんが つくる よていです

5
① しよう　　　　② とろう
③ かおう　　　　④ しよう

6
① あいましょう　② たべましょう
③ みましょう　　④ のりましょう

Unit 2

1
① やせる　　　　② こどもの
③ やすむ　　　　④ かぞくの

2
① おくる　　　　② あそぶ
③ わける／たべる　④ おぼえる

3
① あげる　　　　② いれる／すてる
③ みせる　　　　④ のむ

4
① しゃちょうに きいて きます
② トイレに いって きます
③ ビールを かって きます
④ コピーを して きます

5
① きて みても
② かぶって みても
③ さわって みても／つかって みても
④ すわって みても

6
① つけて
② いれないで
③ しめないで／あけて
④ かけて

Unit 3

1
① おしえて　　　　② かして
③ てつだって　　　④ なおして

2
① かして もらいました
② とって もらいました
③ おくって もらいました
④ てつだって もらいました

3
① くるまで むかえにきて くれました
② しゃしんを みせて くれました
③ くるまで おくって くれました
④ かさを かして くれました

4
① かって もらえません
② わかって もらえません
③ きて もらえません
④ あって もらえません

5
① わらって くれません
② きいて くれません
③ かして くれません
④ でて くれません

6
① まっている
② あきな
③ ちかい
④ かんたんな

14

Unit 4

1

あげます	さしあげます	だれ	どなた
もらいます	いただきます	どう	いかが
くれます	くださいます	名前 なまえ	おなまえ
これ	こちら	電話 でんわ	おでんわ
それ	そちら	結婚 けっこん	ごけっこん
あれ	あちら	連絡 れんらく	ごれんらく
あります	ございます	いい	よろしい
です	で ございます	～さん	～さま

2
① おみやげ ② ごれんらく
③ おひとつ ④ おでんわ

3
① ごしゅっせき ② ごあいさつ
③ ごしょうたい ④ ごれんらく

4
① いただきました ② さしあげます
③ くださいました ④ いただきます

5
① やすみ／こない／きていない
② かえる ③ やすみ ④ じょせい

Unit 5

1

聞きます き	聞けば き	聞かなければ き
行きます い	いけば	いかなければ
押します お	おせば	おさなければ
降ります お	おりれば	おりなければ
あります	あれば	なければ
入れます い	いれれば	いれなければ
調べます しら	しらべれば	しらべなければ
晴れます は	はれれば	はれなければ
します	すれば	しなければ
来ます き	くれば	こなければ

2

暑い あつ	暑ければ あつ	暑くなければ あつ
寒い さむ	さむければ	さむくなければ
悪い わる	わるければ	わるくなければ
いい	よければ	よくなければ
ひま	ひまなら	ひまじゃないなら
簡単 かんたん	かんたんなら	かんたんじゃないなら
学生 がくせい	がくせいなら	がくせいじゃないなら

3
① あれば ② しらべれば
③ きけば ④ ねれば

4
① はやければ ② やすくなければ
③ よければ ④ おいしくなければ

5
① ひまなら ② しんぶんきしゃなら
③ むりなら ④ いい てんきなら

6
① ふじでんきで たくさん うって いますよ
② えきまえの たなかしかが いいですよ
③ さくらデパートの ちかに いい みせが ありますよ
④ やまだクリーニングが やすくて はやいですよ

Unit 6

1
① せきが あいて いるか、しんぱいです
② この かんじが ただしいか、みて ください
③ M サイズで いいか、きて みます
④ きかいが こわれて いないか、しらべます

2
① いつ いくか、かんがえます。
② どこが いいか、おしえて ください
③ かれが だれと あうか、しりたいです
④ どうやって つかうか、わかりません

3
① この かんじは なんと よみますか
② その かみに なんと かいて ありますか
③ あの かんばんは なんと よみますか
④ その ラーメンやさんは なんと いいますか

4
① ほんとうか どうか ② ないか どうか
③ おわるか どうか ④ ごうかくできるか どうか

5

① あの ひとは いつも いそがしいって いって います

② きょうは こられないって、れんらくが ありました

③ もりさんと たなかさんが けっこんするって、ききました

④ まつもとさんは あしたも しごとだって、いって いました

Unit 7

1

① ぶちょうに よばれました

② せんせいに おこられました／しかられました

③ ははに ほめられました

④ もりさんに しょくじに さそわれました

2

① おかれて　　　　② くばられ

③ しょうかいされ　　④ かかれ

3

① しけんは きんようびに おこなわれます

② チームの リーダーは かいぎで えらばれました

③ この みせは いろいろな ざっしで しょうかいされました

④ わたしは また、ぶちょうに よばれました。

4

① この アニメは こどもたちに あいされて います

② パソコンは いろいろな くにに ゆしゅつされて います

③ この しょうせつは たくさんの ひとに よまれて います

④ コーヒーは せかいじゅうで のまれて います

5

① わたしは おとうとに スマホを みられました

② （わたしは）だれかに かさを とられました

③ （わたしは）むすこに パソコンを こわされました

④ （わたしは）あねに ケーキを たべられました

6

① ここに コンビニが できると いわれて います

② この まちは きょうと みたいだと いわれて います

③ かれは ゆうしょうすると いわれて います

④ にほんに すむ がいこくじんの かずが ふえると いわれています

7

① おいた　② した　　③ かった　④ よんだ

Unit 8

1

① あさ、さんぽする

② ともだちと はなす

③ 100てんを とる

④ じてんしゃに のる

2

① わたしは たべるのが おそいです

② さくらさんは パスタを つくるのが じょうずです

③ あたらしい しごとを おぼえるのが たいへんです

④ わたしは ながい じかん まつのが きらいです

3

① あった　　　　　② れんらくする

③ あった　　　　　④ いく

4

ます形	使役形	ます形	使役形
すわります	(れい) すわらせます	食べます	たべさせます
飲みます	のませます	調べます	しらべさせます
います	いさせます	来ます	こさせます
持ちます	もたせます	行きます	いかせます
着ます	きさせます	そうじします	そうじさせます

5

① いそがせ　　　② あそばせます

③ はしらせます　④ かたづけさせ／そうじさせ

6

① そうじさせ　② もたせ　　　③ ならわせ

④ しらべさせ　⑤ もってこさせ

7

① しつもんさせ　② させ

③ たべさせ　　　④ そうだんさせ

8

① おくらせ　　② よませ

③ かわせ　　　④ はじめさせ

9

① とらせ　　　② つかわせ

③ コピーさせ　④ てつだわせ

10

① だれでも

② どれでも

③ どこでも／いつでも

④ どんな ひとと でも

⑤ いつでも

Unit 9

1
① たべすぎました ② かいすぎました
③ かけすぎました ④ きりすぎました

2
① おおきすぎます ② むずかしすぎます
③ あつすぎます ④ からすぎます

3
① まちがえ ② おれ
③ よごれ ④ わかり

4
① みえ ② みがき
③ はき ④ しつもんし

5
① あしたは きょうほど あめが ふりません
② やまだせんせいは もりせんせい ほど こわくな
いです／こわくありません
③ こうちゃは コーヒーほど すきじゃないです
／すきじゃありません
④ わたしは さくらさんほど えいごが じょうず
じゃないです／じょうずじゃありません

6
① やさし ② つよ
③ うつくし ④ おいし

7
① いれ ② かわ ③ はなさ ④ のま

Unit 10

1
① かってきた ② はじまる
③ いく ④ かたづける

2
① えきに むかって いる ところです
② そうじを して いる ところです
③ べんきょう（を） して いる ところです
④ でんしゃを まって いる ところです

3
① ついた ② たべた
③ でた／でる ④ のんだ

4
① できた ② うまれた
③ きた ④ なおった

5
① スマホを つかえる ように なりました
② かんじが よめる ように なりました

③ ギターが ひける ように なりました
④ せつめいできる ように なりました

6
① しっぱいしなく ② うごかなく
③ たべなく ④ うんどうしなく

7
① ふり ② たべ ③ はなし ④ ならい

8
① いった ② とまる
③ あいて いる ④ おしえて くれた

9
① しゅうりに もって いこう
② くさって いる かもしれない
③ ごはんが できた みたいだ

Unit 11

1
① うみに ちかい そうです
② ぼうしを かぶって いる そうです
③ スポーツが にがてだ そうです
④ りょうりだ そうです

2
① ひいた ② いく
③ あった ④ ない

3
① きらいな ② しまって いる／やすみの
③ ふっている ④ いそがしい

4
① はなせる ② かえっている
③ いかない ④ つく

5
① とどいて いる ② かえって いる
③ みて いる ④ あいて いる

6
① ちゅうもんする ② まに あわない
③ まちがえた ④ して いない

Unit 12

1
① おつかれに なりまし
② おまちに なります
③ およみに なります
④ おあいに なりまし
⑤ おなくなりに なりまし

②

ます形	尊敬語	ます形	尊敬語
聞きます	れい）聞かれます	飲みます	のまれます
します	されます	来ます	こられます
おります	おりられます	読みます	よまれます
帰ります	かえられます	買います	かわれます
着ます	きられます	持って来ます	もってこられます

③

① のまれました
② こられました
③ かわれました
④ かかれました

④

ます形	尊敬語	ます形	尊敬語
行きます・います・来ます	れい）いらっしゃいます	食べます・飲みます	めしあがります
見ます	ごらんになります	来ます	いらっしゃいます
知っています	ごぞんじです	します	なさいます
寝ます	おやすみになります	言います	おっしゃいます

⑤

① めしあがります
② ごらんになりました
③ おやすみになりました
④ なさいます
⑤ おっしゃいます
⑥ ごぞんじ

⑥

① おかえりになっ
② おかけになっ
③ おやすみになっ
④ おまちになっ
⑤ なさっ

Unit 13

①

いきます	れい）おります	いきます	まいります
			うかがいます
たべます	いただきます	のみます	いただきます
	ちょうだいします		ちょうだいします
いいます	もうします	します	いたします
	もうしあげます	あげます	さしあげます
きます	まいります	もらいます	いただきます
	うかがいます		ちょうだいします
ききます	うかがいます	みます	はいけんします

②

① おあいします
② およびします
③ おてつだいしました
④ おとりしましょうか

③

① はいけんします　　② うかがい
③ もうしあげます　　④ おります

④

① インドネシアから　まいりました
② はい、いただきます
③ よろしく　おねがいいたします
④ はい、うかがいました

⑤

① おつかい　　　　② おいそぎ
③ ごせつめい　　　④ あんないして　いただき

⑥

① いたしました
② うかがう
③ いただきました／いただいた
④ ごしょうたい